本気で人を育てる「メンタリング」読本

小さな会社経営者のために

メンタリング教育の専門家
李 順葉

産学社

はじめに

本書を手に取ってくださり、ありがとうございます。

人を育てる……

この本を手に取ってくださったあなたは何らかの形で人を育てることに携わっている、もしくは人を育てることに関心がある方でしょう。ひょっとすると、今、目の前の相手に対してどうしていいか途方に暮れている……という悩みを抱えていらっしゃるかもしれませんね。

人を育てるとひと口で言っても、子育てや学校教育の現場、そして塾などのさまざまな教育機関の場や企業での人材育成など、いろいろな場面があるでしょう。それぞれの場面で具体的に必要なこと、求められることは違うと思いますが、根本に共通する最も大切なことは、**育てたい相手が自分と良い関係性にあり、生き生きと主体的である**ということではないでしょうか。

私は2005年に初めて、この生き生きと主体的な人を育てることを目的とした、「**メンタリング」という成長支援の概念**に出会いました。

営業職をしていた2001年、仕事中に階段から転落して大けがをしたことで私は価値観が大きく変化し、人を大切にし、自分を大切にする幸せな人生を送りたい！　と強く思うようになっていました。長いリハビリ期間を乗り越え、人と関わる仕事である日本語教師として新たなキャリアにチャレンジし始めた頃のことです。メンタリングを体系的に学ぶ機会に恵まれて、当時携わっていた教育の現場で実践しながら学びを深めていきました。

メンタリングを知り、ちょうど思春期だった娘たちや留学生たちなど、大切な人たちの成長をサポートできたことでたくさんの感動する瞬間、そしてじわじわとかみしめるような幸せを何度も何度も味わうことができました。

その後、人を育てる役割を持つ教師や講師、企業の管理職や小規模経営者などの皆さまにも、研修やセミナーなどで「メンタリング」についてお伝えするようになり、喜んでいただくようになりました。

そうして人を育てるには4つの大切な柱があるという考えに至りました。

1. 相手がワクワクするようなビジョンを共有する

2. 相手の成長段階に応じた適切な関わり方をする

3．相手の特性に合わせた適切な関わり方をする
4．何より育てる側が自己認識を深め、成長し続ける姿勢を持つこと

そしてそれをもとに、本気で主体的な人を育てたい！　と思っている育成者のためのプログラムをつくり、育てる人も育てられる人も共に喜びを分かち合える関係性を築けることを目的に講座を開催しました。この本はその講座でお伝えしている、**人を育てるためのあり方とやり方**をまとめたものです。日本語教師、キャリアコンサルタント、研修やセミナーの講師として私が実際に体験したことなども書いています。

これまで講座に参加してくれた方は、企業研修講師、セミナー講師、大学講師、税理士など士業の方、子どもの教育関連の方、コーチ、カウンセラー、小規模経営者と多岐にわたります。そのなかでとくに多くの実践例や成果を見せてくれたのが、ネイルサロンなどの小さな会社の経営者の皆さんでした。自分自身の特性や使命をよく理解できたことがスタッフとの関わりに変化をもたらし、それがスタッフのやる気に直結し、事業の発展につながっているようです。

主体性を持った人を育てるために最も大切なことを知った仲間たちはそれぞれの夢に向かって力強く進んでいます。

この本にはそんな仲間たちのエピソードも出てきます。

もうどこで目にしたかも忘れてしまったのですが、私には何年も前から毎年新たな手帳に書き写している、とても大切にしている言葉があります。

知識は人を優しくします
スキルは人を強くします
人と関わることで感謝することを知ります
優しくて強くて感謝できる人は夢をかなえることができます

（作者不詳）

この本との出会いがきっかけとなって主体的な人を育てるための知識とスキルを手に入れ、あなたとあなたが育てたい人がそれぞれの夢、または同じ夢に向かって感謝しながら共に進化していける関係性を築き、ビジネスが発展して夢を実現できたならこれほどうれしいことはありません。

目次

DTP（西崎印刷・河岡 隆）
カバーデザイン（中井 正浩）
編集協力（伊藤 百合子）

第1章

最高の育成者（メンター）としての自分の姿を考える

1. 人を育てたいのはなぜですか？

ビジネスの場で人の育成に関わっている人には、おそらくこんな悩みがあるのではないでしょうか。この本を手に取ってくださったあなたもそうかもしれませんね。

▽本当に、人を育てるのは難しい。人さえうまく育ってくれたら、もっと仕事がうまくいくはずなのに……。せっかく育ったと思ったら辞めていくし……。

▽スタッフや部下とうまくコミュニケーションが取れず、何を考えているのかわからない。自分もなんだか信頼されていない気がする……。

私の講座を受講してくれている人は大学や専門学校の講師、企業研修やセミナーの講師、社会保険労務士やキャリアコンサルタントなどのコンサルティング業の方と、最近はネイリストの方が増えてきました。

経営者でもあるネイリストの皆さんとの出会いが多くなるにつれてネイリストの世界には「成功」までの、ひとつの代表的なロードマップがあることに気づきました。

まずはスクールで学び、資格を取り、サロンに就職して技術を高め、自信がついたら独立。初めは自宅の一室から始め、顧客が増えてきたらマンションに部屋を借りてサロンを開く。自分だけでは手が足りなくなったらスタッフを雇い始め広いサロンに移転することも。さらにお客様が増えてきたら、もう一店舗、さらにもう一店舗……というように、技術者から経営者としての顔も持つように。すると、今度はスタッフの夢も叶えたいと、商品の開発や異なる事業の展開まで考えるようになることもわかりました。ゴール（＝夢）がどんどん広がる可能性があるのです。

また、技術の向上への熱意も高く、美容師のように職に就くのに必須の資格ではないとはいえ、多くがネイリスト技能検定試験（日本ネイリスト協会主催）のベーシックの３級、次に２級を受験して資格取得を目指しています。さらにはトップレベルの１級や教えるための認定講師資格をめざす人も少なくなく、自分自身の技術の向上に加えて資格取得のためのスクールをサロンと併設することも経営者としてめざすゴールの一つになっていることがわかりました。その合格率がスクールの人気度に大きく関わるのは言うまでもありません。まさに、人を育てることが事業を発展させるうえで大きなカギを握っているのだなと感じました。

と同時に、どこをゴールにするかも人によって違い、自分がいまどんな段階にいて、どんな理由で人を育てる必要があるのか、育てたいと思っているのかは本当に人によってそれぞれ違うということもわかりました。

例えばミカさん（仮名）の場合。サロンが自宅から離れていたので、家族との時間も大切にしたい彼女は自宅から近いところにもう一店舗増やすことに決めたとのこと。でも自分の体は一つしかないから、もう一店舗増やすためには一つを任せる誰かが必要。だけど、その誰かにちゃんと任せることができるかどうか不安がある……

さゆりさん（仮名）の場合は、以前から「二店舗目を持つことが次のステップ！」と目標にしてきて準備中。人も増やす必要があるので、そのタイミングであらためて人材育成についてしっかり考えたい……

また、久子さんは、自分の年齢や体の弱い自分の体調も考えて店を後継してくれる人を育てたい……

そしてビジネスコンテストで入賞したじゅりさんは、クラウドファンディングで移動式のサロンカーを手に入れ、出張・社会貢献型のフットケアのビジネスを精力的に展開してきましたが、おかげで需要が伸びて自分一人では追いつかなくなり、志を同じくしてくれる仲間を育てたいということでした。

自分の後を継いでくれる人、自分の仕事を自分に代わって同じ思いを持ってやってくれる人、自分と一緒に仕事を広げてくれる人……と表現はいろいろですが、共通しているのはみんな**自分の思いに共感してくれ、と同時に主体的で自立している人を育てたい**ということのようでした。そんな人を育てたいけれど育てるのが不安だったり、育て方がわからなかったり。あるいは育てたと思ったら去っていったり、気持ちが通じ合わなかったり……といろいろな悩みがあり、「またあなたから学びたい！　あなたと働きたい！　といわれるメンターになる」というキャッチフレーズに期待感を持って、そんなメンターになりたいと私の講座に来てくれたのです。

他の経営者や研修講師や、コンサルタントの皆さんは、企業経営の重要資源の一つである人材の育成が常に問われ続けているテーマであり、育成力不足の課題解決のニーズに応える知識やスキルを手にするために参加してくれていますが、もちろん、お一人おひとりの目的はそれぞれです。

あなたの場合はどんな理由で、どんな人を育てたいと思っていますか？　また、どんなことで悩んでいますか？　人を育てた先にある、あなたの望む未来はどんな未来ですか？

そしてほかでもない、あなたの思いとはどんなことでしょうか。

2.「メンター」とは人を育てる人のこと

この本では「メンター」という言葉が本当にたくさん出てきます。あなたはメンターという言葉を聞いてどんなイメージがありますか？

メンターという言葉はギリシャ神話に登場する人物（メントール）の名前を語源としていると言われています。メントールはトロイの戦争で有名なオデッセウス王の親友で、オデッセウス王が戦場に出かけるにあたり、王の留守中に、将来王位を継ぐ息子のテレマコスの教育を託された人です。メントールに託された役割とは、政治学、帝王学などの習得のほかに人格的成長を促すことで、テレマコスを次の王にふさわしい人間に育てることでした。ホメロスの叙事詩では、メントールは**よき教育者、理解者、ロールモデル、後見人**として表現されています。

時代が変わり、ヨーロッパに大学という高等教育機関が生まれてからは、学生を個人的に指導する役割をもつ教員のことをメンターと呼ぶようになりました。

現在ビジネスの世界で注目されている「メンター」のイメージは多様ですが、一般的には企業内で、ある一定期間一対一で、若手社員や異動してきたばかりの人など経験の少ない人に対して、仕事上の秘訣や人間関係の築き方などについてアドバイスや、相手のキャリア発達をサポートする役割を持つ人のことをいいます。このメンターの役割を制度として導入し、取り組んでいる企業もあります。最近は社外メンターとして、社外にそのような役割を持つ人を制度として準備する企業も出てきています。

また、起業家が自分のめざしたいビジネスをすでに実現している人や師と仰ぎたいロールモデルのような人のことを「メンター」と呼び、指導やアドバイスを仰ぐこともあります。

そもそも私がメンターという言葉に初めて出会ったのは、２００４年に入ってすぐの頃でした。日本語教師になるためにある日本語学校の面接に行ったときのことです。

「李さんはメンタリングって知っていますか？」

「え？　メンタル……ですか？」

「いや、人の成長をサポートするしくみのことですよ。うちでは担任のように学生をサポートする役割を持つ人をメンターと呼んでるんですが、李さんなら留学生の気持ちがわかるだろうから、ぜひそんな役割も将来的には担ってほしいなあ」

面接担当の先生にそう言われたのがメンタリングやメンターという言葉や概念と私との深い縁の始まりでした。

日本で生まれた私自身は留学生ではないのですが、マイノリティという立場を経験していたのと、子育ての経験もあるので、面接のときの会話から、留学生に寄り添えて親心（⁉）も持って育ててくれるだろうと期待してくださったようでした。前職を、大けがをしたことがきっかけで退職し、長い期間リハビリ生活を経ての転職。猛勉強してようやくなれた日本語教師。「期待に応えなきゃ！」と私もやる気満々でした。

ところが現実はなかなか厳しいものでした。当時の日本語教師養成講座では、日本語の教授法や日本語を使ったコミュニケーションについては学びますが、大学の教職科目のような教育心理学や、意欲を上げるための関わり方などまで学ぶことはできませんでした。ですので、日本に来てこれまでとは異なる文化の社会で疲弊したり、アルバイトで疲れたりしている学生たちのモチベーションを上げながら授業を展開していくことがうまくできませんでした。

彼らが新鮮な気持ちを持っていてやる気のあった春は何とかうまく過ごせましたが、壁はすぐにやってきて、居眠りしたり、反抗的な態度をとってくる学生への対し方に悩む日々でした。いくら授業の準備をしても、本人たちがやる気にならなければそれは全く無意味。学習の成果を上げてもらうためには、まず意欲を上げなければならないのです。でもどうやって？　具体的な方法がわからずに本当に困り果てていました。

そんなときに、こちらの学校が事務局を担っている「ＮＰＯ法人国際メンターシップ協会」で新しく成長支援のしくみ（メンタリング）を学ぶための社会人向けスクールが開かれるということを聞き、迷わず受講することを決めたのでした。

やる気を引き出す方法を知りたい！　学生をうまく育てる方法を知りたい！　と、「手段」を手に入れようとしていた私は、方法を知るだけでは足りない、人を育てる役割を持つ「メンター」に必要なことを学ぶことになったのです。

そして、メンタリングを学び始めたことで、学生たちとの関係がとてもよくなり、学生たちとともに日本語教師として充実した時間を送れるようになっただけではなく、自分自身の生活も人生もどんどん変化していきました。

3．最高のゴールを自分で選ぶ人になろう

ところで、あなたは自分が望む最高の状態のイメージを持っていますか？

あなたがもし、人を育てることで自分のビジネスも成長させたいと思っているなら、「最高のゴールを自分で選ぶ」ことをぜひ意識してください。望むことを成功させるにはそれがうま

くいったときの状態を明確にイメージできるかどうかが大切だからです。

「はじめに」で、生き生きとした主体的な人を育てるのがメンタリングの目的とご紹介しました。キャリアコンサルタントでもある私は、キャリア相談のときに相談者にこんなふうに質問することがあります。

イメージをすぐに表現できる人は、自分が何を望んでいるかを思考し、いろいろな選択肢の中から選択できているからです。選択とは決定すること。実はこの選択することが主体的かどうかに大きく関わっています。そしてイメージが明確であればあるほど、日々の行動がその理想の状態につながるものになっていることが多いことを、関わってきた人たちを見て経験的に感じています。自らやる気をもって生き生きと働く人を育てたいなら、まずはあなたから、自分が望む最高の状態を考えてみることから始めてみましょう。

私が主催しているメンターをめざす人のためのメンタリング講座（ビジョナリー・メンタリング・マネジメント®講座）では、第一回目には必ずスティーブン・コヴィーの『7つの習慣』の話をしています。ご存知の方もいるかと思いますが、この『7つの習慣』には継続的な幸福と成功のために必要なことが書かれています。表面的なテクニックだけではなく**人格を磨くことが重要**だとのこと。そしてこの本では、**知識**、**スキル**、**意欲**の3つが交わる部分のことを**習**

慣と定義づけてあります。生き生きとした主体的な人を育てる育成者（メンター）をめざし、またそういうメンターを増やしたい私は、この『7つの習慣』がメンターにとってとても大切なことだと考え、受講者の皆さんにもお伝えしています。

コヴィーは「第1の習慣」を**「主体的である」**としています。「主体的」とよく似た言葉に「自主的」がありますが、これは他者からの指示がなくても自分から率先し自発的に行動すること。「主体的」とは広辞苑によると、「他に強制されたり、盲従したり、また、衝動的に行ったりしないで、自分の意志、判断に基づいて行動するさま」とあります。コヴィーは「主体的」とは、自発的に率先して行動することだけを意味するものではなく、人間として、**自分で選んだ人生の責任を引き受ける**ことも意味すると言っています。

実際に人生は選択の結果です。私自身の人生を振り返ってみても、今の自分は過去の選択と行動の積み重ねから出来上がったものに違いありません。学歴も職歴も、現在の家族も、交友関係も。以前はそれがすべて自分の選択の結果だと認めたくないこともありました。環境や時代のせいだと思い、不公平だと悲しみに沈んだこともありました。けれども、確かに今の自分は過去の選択の結果だと本当に深く潔く正直に認めたときに、未来もまた、これからの自分の選択によって望むものに創っていけるんだと確信を持てるようになりました。他でもない**自分**

自身が選んだという意識と自覚が主体的であることの始まりだと、コヴィーの本に出会って第1の習慣を知ったときにあらためて実感しました。

長く続く幸福と成功のための原則を具体的なかたちにした7つの習慣の「第2の習慣」は、**「終わりを思い描くことから始める」**ことです。ちょっと話は大きくなりますが、自分の人生の終わり、つまりお葬式のときにあなたは駆けつけてくれた人たちにあなたのことについてどんな風に思い出を語ってほしいですか？　どんな人だったと言ってほしいですか？　終わりを考えると、それにつながる今、どのように行動すべきかが明確になりますよね。

このように、人生におけるすべての行動を測る基準として「自分の人生の最後を思い描き、それを念頭において今日という一日を過ごす」というのがこの第2の習慣の意味です。自分がめざすもの、大切にしたいものをしっかりと意識し、そのイメージにつながっていく自分がとる選択や行動を過ごしていれば、自分の人生が望む方向に進まないわけがありませんね。まさに今日という日の足し算が過去になり、未来になっていくわけです。

そしてこれは、仕事やプロジェクトなどの何か達成したいものがあるときにも同じことが言えます。まずは望むゴールを自分で選び、そしてできるだけ具体的にイメージする。すると、そのゴールに到達している自分なら、今日一日、どんなことを考え、どんな言葉を口にし、どんな行動をとるのか、自ずと決まってきますね。思考も、使う言葉も、とる行動も自分が選択できるのです。

自分が思う最高の自分の未来、自分がなりたいと思う最高のメンターの姿はどんなイメージですか？　あなたが自由に決めてよいのです。

人をうまく育てることができ、育てた人と共にビジネスを発展させている自分をイメージするところから始めていきましょう。

4．時間軸と空間軸で今と未来を考える

今日＋今日＋今日が未来になるというお話を前にしました。

自分にとって最高のゴールを自分で選び、そしてできるだけ具体的にイメージする。するとそのゴールに到達している自分をイメージできたら、今日の行動が変わってきますよとお伝えしました。さあ、それではそれを少し具体的に考えてみましょう。

私はいつもキャリア相談の相談者やセミナーの受講生の皆さんに**時間軸と空間軸で未来を考える**ことを提案しています。

時間軸とは、時間を未来に向かって直線的・一方向的に進むものと考えたときの、時間の進みを直線（軸）にたとえたもので、「いつ」なのかを考えます。何年後なのか、何歳のときなのか、といった具合にです。

一方、空間軸で考えるとは、あなたがそのときにいる環境を考えてみるということです。例えば3年後の理想の状態をイメージしたときに、場所は「どこ」なのか、どんな建物でどんなインテリアの中にいるのか、一日の大半を「どんな人たちと」、「どんなふうに」過ごしているのか、といったふうにです。

そしてそのときに大切にしたい二つのことがあります。

一つが**ゴールを先に考える**こと。どんな人として人の心に残りたいのか、まずはそれを考えてそんな人生を送った人としての自分の、まずは3年後がどうなっているのか、といった具合に考えるということです。この未来を起点とした考え方のことを**バックキャスティング**といいますが、未来から考えることで、イメージは自由になり、そしてそこに向かっていくために必要な筋道が見えてきやすいと言われています。そして現状からだけでは思いつかない行動ができるというわけです。たとえば、今だけ考えていたら「ケーキを食べたい！」と思ったら食べてしまうかもしれませんが、例えば「あのブランドの服が似合う人になりたい」といった自分

時間軸：いつ？

空間軸：どんな場所で
どんな人たちと
どんなことをしているのか

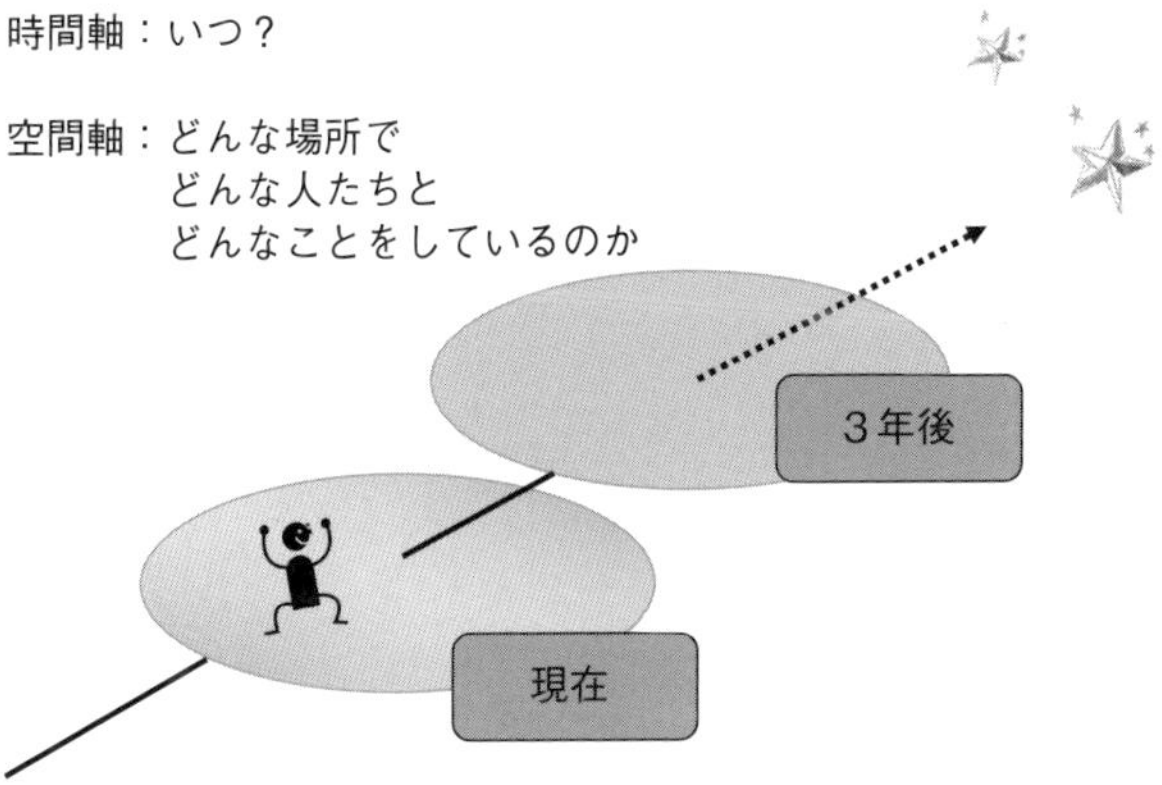

《時間軸と空間軸で今と未来を考える》

の理想のイメージを強く持っていたら、食べるのを踏みとどまるかもしれませんね。

二つ目は、**自分の「今」もしっかり知っておく**ということです。今の自分は「今日」の積み重ねでできていますよね。今を知るということは、同時に過去を知るということになります。

実は未来から自由に考えるとはいえ、最高のゴールを選ぶためには今の自分をしっかりと受け止めておくのもとても大切です。なぜなら今の自分をもし認めることができなかったら、「こんな自分が描く理想の未来なんか、実現するわけがない」と心の奥底で思ってしまうからです。この、心の奥底のことを潜在意識ともいいますが、この潜在意識が実際の行動に大きく影響を及ぼすことが最近の脳科学では明らかになってきているようです。

人は良く知らないことには不安を感じたり、抵抗を感じたりする傾向があるようです。あなたもこんな経験がありませんか？　初めは苦手だなと感じていた人が、よく話を聞いてみると意外と良い人だなあと思えてくるようになったこと。知らないから憶測しやすく、憶測というものはたいていマイナスのことを考えたりしますよね。知ると好きになったり、信じることができる……。これは自分に対しても同じじゃないかなと思います。

キャリア相談をしていて自分に自信がない人も、よくよく話を聞いてみれば、とても意味あることを経験していたり、自分では当たり前と思っていることが実は人から見たらすごく能力があると思えることだったりします。自分のことを案外忘れていたり、気づいていなかったりすることも多いのです、対話の中でそれが明らかになると、皆さん明るい表情になり、自分に自信が出てくるようです。そして自分がイメージする理想の未来も、自分を信頼するからこそ、きっと実現できるだろうと心から信じることができるようになるのです。

カーナビも、現在地が正しくインプットされていなければ、うまく機能しませんね。

さあ、それでは私と一緒に、自分の本当の現在地を確認していきましょう。

5. 自分の現在地を確認しよう

それではいよいよ自分の現在地を考えていきましょう。

現在地とは、すなわち自分がいる場所。カーナビも、現在地を登録してはじめて目的地への道が始まりますよね。では人生（仕事）ではどうでしょう。人生の現在地とは時間軸でいうと「今」ですね。そして空間軸を加えると「今の状態」。

今の状態を確認してみるには具体的に考えてみると例えば次のようなことがあげられるでしょう。ぜひ次の質問の答えをできるだけ具体的にノートなどに書き出してみてください。

○今は……

・何年何月ですか
・あなたは何歳ですか
・今の仕事を始めて（または開業して）何年ですか
・今、どんな肩書や立場で仕事をしていますか

○環境や状況

・今のビジネスの状態や仕事をしている環境はどんなところですか
・顧客やスタッフにはどんな人たちがいて、どんな関係性ですか
・売上や収入はどのくらいですか
・プライベートではどんなところに住んでいて、家族の状況や関係性はどうです

か
・よく関わる友人や仲間はどんな人ですか

○自分の能力

・仕事上のスキル（技術・コミュニケーション能力など）は具体的にどのようなものがありますか？
・資格など、どんなものを持っていますか

さて、どのくらいすらすらと書けたでしょうか。以上のようなことをあらためて考えてみたらいかがでしたか。

すらすらと答えることができたでしょうか。もし、すらすらと書き出すことができたなら、あなたはもうすでに自分のめざしたいことが明確かも知れません。そうでなければ、自分に自信がなかったり、これから先の方向性について迷いがあるかもしれませんね。

自分のことについてこうして書き出したりすることに慣れていない人のほうが多いと思います。あなたも、苦手だなと感じたかもしれません。でも大丈夫です。この本を読み進めていくにつれて、自分について考えてみることに少しずつ慣れて楽しいと感じてもらえるようにガイドしていきますね。

私たちの「今」は過去の結果。これまで過ごしてきた時間をどのように過ごしてきたか、何を経験してきたかによって「今の状態」になっています。さあ、今度はもう少し深く、「自分」について考えていきましょう。

6．○○としての自分の棚卸をしてみよう

さて、あなたは今、具体的にはどんな仕事をしていて、どんな肩書や立場で仕事をしていますか。先ほどの質問ではどんなふうに表現しましたか。

人を育てる立場としての自分にどんなイメージを持ったでしょう。相手にどんな存在として何ができそうか、ここでちょっと言語化して整理してみませんか。言葉にしてみることによって、自分の思考や感情をしっかりと振り返ることができ、客観的に自分のことを理解できます。

「棚卸《たなおろし》」という言葉を知っていますか。もともとは会計の用語で、自社で保有する資産（在庫）の数を調べて、その資産価値を確定するときに使われる言葉なのですが、そこから派生して、「キャリアの棚卸」という言葉で使われるようになりました。つまり、現時点での自分の価値を整理してみる、というものです。これまで、仕事を通して自分が経験してきた軌跡を丁寧に振り返ることで深い自己分析ができ、自分の価値がわかるので、自分の仕事を見直すときなど

に使われています。メンターとして育てたい相手に何が伝えられるか、そして何を伝えたいのかを知るためにもぜひこの棚卸の考え方を活用してみましょう。

現在地のところでは、「今」という時点での環境や能力について書き出してみましたね。ここでは経験に注目して、自分の価値を深く見ていきましょう。まずはどんな○○としての自分の棚卸をするかを可能な限り明確に設定してください。たとえば、サロンオーナーとして、あるいは△△養成講座講師として、または□□コンサルタントとして、など現在地もしくは今後そうでありたいアイデンティティを決めて、「**○○としての棚卸**」とタイトルに書いてみましょう。そして、ぜひノートや紙を用意してできるだけたくさん、できるだけ具体的に書きだしてみてください。

○あなたが今教えられる（伝えられる）こと、または教えたい（伝えたい）ことはどんなことですか

○それができることにつながった過去の経験はどんなことですか

○これまでの人生を振り返り、やり遂げたと思えることは何ですか

○感動したことはどんなことですか

さて、どのくらい書けましたか。

文字にして目に見える形に（可視化）してみたら、今どんな気持ちが湧いてきているでしょう。振り返ってみたことで、普段忘れていたようなことも、走馬灯のようにいろいろと思い出されてきたのではないでしょうか。初心を思い返したかもしれませんね。

そして、思っていたよりも、自分がこれまでに多くのことを得てきていることに気づいたのではないかと思います。ぜひ、書き上げたものをじっくり眺めて自分ができることや自分が重ねてきた経験を少し俯瞰《ふかん》してみてください。他人が書いたものだと思って客観的に見てみると、どんな人だと思いますか。

思った以上に素敵な人だなと感じませんか。

私の講座では、この棚卸を書いたあとに参加者同士でシェアし合うワークをしています。自分のことを相手にゆっくりと聞いてもらい、自分に対しての印象を伝えてもらうのです。

自分でもわかっていた自分の強みを再確認できることもありますが、それだけではなく自分だけでは気づかなかった自分の能力も発見できる機会になっています。このワークのあとは皆さん本当に素敵な笑顔になります。お互いが相手のことを知り、相手の持つ力を伝え合うことで、これまで自分が頑張ってきたことや大切にしてきたことをしっかりと思い出し、またそれを他者から認められ、尊重されたと実感することでモチベーションが上がるからだと思います。

自分が持っている思いや経験は、まさにあなたの価値です。何かを始めるときや節目にこの棚卸をやってみると、自分自身のこれまでの経験があなたにとって大切なことを思い出させてくれ、自分がやろうとしていることを後押ししてくれます。

まずはあなたがセットした、〇〇としてどんな育成者（メンター）になりたいか、なれそうかというイメージがこの棚卸の質問に答えることで少しはっきりしてきたのではないでしょうか。

7. これからの時代に求められるのはどんな人？

時が流れるにつれて社会の様子は変化していくものですが、どんどんその変化のスピードが速まってきているのを実感しています。

日本のインターネット元年といわれる１９９５年以来、ＩＴ業界ではその技術の進歩のようすが加速度的になっていることから、そのスピードの変化のさまが人間の寿命との比較でドッグイヤーとかマウスイヤーと表現されてきました。社会は情報と技術革新で大きく変わりました。

私が卒業を迎えた１９８５年当時、大学の卒業論文はボールペンでの手書き清書で提出しました。何度も泣きながら書き直しをしたのを今でも覚えています。そして新入社員の頃にはまだ、磁気シートでつくられた大きくて薄いフロッピーディスク（若い人には想像もできないシロモノかもしれませんね）を使用していました。もちろんインターネットもありません。

そんな時代を過ごしたこともある私は、このＩＴ社会の黎明期からＡＩが実用化されてきている現在までの変遷を見ることができたので、ある意味ラッキーだったかもしれません。ＩＴ技術の進歩によって、情報量の多さと技術革新による効率化がどんどん加速しながら進む様子を体感していきました。ですので、特にビジネス社会で生きる人々には、このどんどん速まっていく変化に柔軟に、そしてスピード感を持って対応していくことが求められていることをひしひしと感じてきました。

また、それに伴い経済が成長していくことで、物もサービスも多様になり、選択肢が増えて、多くの選択の中から必要なものを選ぶためには、判断する自分の価値基準をハッキリさせる必要が問われてきたのも感じています。

けれどもそれ以上に、今本当に大きく世の中が変わってきていることを実感しています。コロナ禍での混乱をはじめ、私たちはさらに自分の生き方を問われるような大きな時代の転換期に立っているように思います。まさにパラダイムシフトが起こっています。パラダイム(paradigm)とは「その時代の規範となるような思想や価値観」のことで、パラダイムシフトはそれが変わること。一般的には「見方が変わる」「固定観念を破る」という意味で、まさに「常識」がひっくり返るような変化ということですね。

私自身の身の回りで起こったことで特に印象が残っていることは、

- 当時講師をしていた授業や研修が全てオンライン形式に切り替わり、急遽オンライン授業をするためのスキルを身につける必要があった
- 家族が入院しても面会ができなかった
- 娘の結婚式が1年延びた
- 周囲にリモートワークをしている人が増えた
- 飲食店や観光業に従事していた知人がどんどん職を失った

——以上のようなことです。

ほかにも生活の中でいろいろな出来事があり、細かな変化がたくさんありました。とにかく、なにかにつけて「自分は、自分たちはどうする?」と判断しなければならないことが多かったように思います。

本当に過去の経験からだけでは判断できない予測不能なこともたくさん起こり、特に自分の事業については自分で目的を設定し、どうしていくか構想をデザインすることが求められるようになりました。本当に、どうしたいのかを常に問われる感じです。自分の気持ちや考えを振り返ることも増えました。私だけでなく、そう感じた人は多かったのではないでしょうか。

一方で、そのように様々な解決策を考えたり、模索したりするなかで人とのつながり方も変化しました。リアルでの行動が制限されていく一方で一気にオンラインの活用が増えるなかで、住んでいる場所に関係なくこれまでに出会わなかった人とたくさんの出会いがあり、様々な考え方や状況があることがわかり、むしろ関わる範囲は広がりました。まさに物理的には近くにいても関わらなくなった人がいれば、遠く離れていて出会うはずのなかった人と関係性が深まるということが起こったのです。関わりたい人とより関われるようになった感覚です。

状況が変わり、またコロナ禍以前の状態に近くなっても元通りになることはなく、人々が経験した仕事の仕方やライフスタイル、自然や他人、社会との関わり方はこれからの時代に生きていく人に求められる条件を変えることになるのではないでしょうか。

以下にこれから必要になると思われることをあげてみました。

- **価値観がますます多様になり選択肢が増える→今以上に主体性が求められる**
- **変化のスピードがより加速する→柔軟な思考と対応力がさらに求められる**

・自立的であることがより必要になる↓スキルを持ったり、目的を自分で設定できる力
・命の大切さや、もっと率直に自分の幸せを追い求めるようになる人が増える
↓そのためにより深い自己理解が必要になる
・経済的価値だけではなく、人間関係などからくる社会的価値などが、より直接的な「生きる糧《かて》」になる↓今以上に他者とうまくやっていける感情のスキルが必要になる

これらのことはＡＩでは解決できないことでもありますね。より人間らしい能力と言えるかもしれません。

8. メンターとしての自分の理想の姿を思い描いてみる

なんとかうまく人を育てられるようになって現状をより良くしたい……

そのための良い方法を知りたい。そんなあなたのためにこの本を書いています。

これまで、そのためにはまずどうなりたいのか、なぜ人を育てる必要があるのか、どんな人を育てたいのかを改めて整理して、ゴールをイメージしておくことが大切だということをお話ししてきました。そして、現在地（＝今の状態）も確認してきました。そして、棚卸をするこ

とで今の自分が何を教えたり、伝えたりできるのか、また、自分が大切にしてきたことがどんなことかを書き出して可視化し、確認してもらいました。

そんなあなたがめざしたい理想の状態はどんなものですか？

この本の最終章では時間軸と空間軸であなたの理想の未来を明確に描ける方法をご紹介しますが、まずはこれまで考えて書き出してみたことをもとに、どんな人として人を育てるのか、自分の理想のメンター像をイメージしてみましょう。

どんな人でありたいですか。
どんな人を育てたいですか。
相手とどんな関係性になりたいですか。
育てることで何を手に入れていますか。

そしてそのイメージをぜひ言語化してみてください。後で変わっても大丈夫です。ここで自分の言葉で書いておくことで、次の章から始まる、人を育てるための具体的な方法や知識をきっと深く学んでいけるでしょう。何よりもしっかりと言語化しておくことで、今この瞬間から話す言葉や行動が変わってくるかもしれません。

未来を描くことは、今に変化を起こします。

《第1章のまとめ》

●人を育てる人のことをメンターという

●継続的な成功と幸せを得るためには主体的になろう。主体的とは自分で選ぶこと。そしてその選択の責任を自分で取ること

●何かを始めるときはまずゴールを決めることが大切

●望む未来を描くためにまず今を知ろう。まずは自分の現在地を明確にし、棚卸をすることで、今の自分ができることや大切にしてきたことなどを確認しよう。

●メンターとしての自分の理想の姿を描くところから始めよう

●これからはますます多様性の時代に。その中では今以上に主体性や自分の価値観を明確にすることが求められる（自分も、育てる相手も）

第2章

人を育てるとはどういうことか

9. 人を育てるとは成長を支援すること

人を育てる人、メンターとしての自分の理想の姿をイメージできましたか?
ここであらためて、「人が育つ」ということはどういうことか考えてみましょう。

人はこの世にオギャーと生まれてから成人になってからも、身体的な発達もですが、知的なことや社会的な経験も積んでいき成長していきますね。この成長していくプロセスそのものが育つということなのだと思います。この「成長」について、私はこれまで授業や研修、セミナーの場などでたくさんの人と共にその意味について考えてきました。

成長するとは、

・できなかったことができるようになること
・受け身から能動的になること
・人に頼らなくても自分でできること
・自分のことを自分自身で判断できるようになること
・言われなくても自分から進んでできること
・自分のことだけでなく他人や全体のことも考えられるようになること

・誰かの役に立てるようになること
・課題を解決する力が大きくなること
・他人の気持ちを理解できること
・可能性をひとつひとつ形にしていくこと
・他に依存せず、自分で考えられるようになること
・挑戦できること
・自分の感情をコントロールできるようになること　等々

――以上のようなことがこれまで出てきた意見の中で代表的なものです。

本当に、知的、精神的、社会的とあらゆる側面で成長をしていくのですね。この成長について皆さんが話し合ったり、発表したりするときは必ずと言っていいほど、表情が明るくなります。人は成長したい存在なのだとしみじみ思います。

ところで、人は勝手に育つと思いますか？　赤ちゃんのときはもちろんミルクからおむつまで完全に親や大人の世話が要りますね。それから保育園や幼稚園から始まり高等教育までいわゆる学びの機関で勉強を教わったり、人と関わったりすることを学びます。そして社会人になってからは職場などでさまざまな経験を積んで力をつけていきますね。そのどの段階でも、教えてくれる先生や先輩が存在しています。そのとき、その場所でどんな人と出会うかによって

成長の質が変わると、あなたも自分の経験を振り返ってみると思い当たることがあるのではないでしょうか。

社会に出て、仕事を通して成長する。このことを考えるときに私には必ず思い出すことがあります。もう15年以上前になると思います。たまたま見ていたテレビ番組で日本理科学工業の社長が出演されていて、「究極の4つの幸せ」について話をされていました。この企業は全従業員の六割以上が障害者雇用ということで注目されていた企業で、経営が困難な中でも障害者の雇用を守り続けようと決意したきっかけになったのが、社長が友人の住職さんから聞いたこの「究極の4つの幸せ」の話だった、というものでした。

何度も何度も思い出してかみしめることができる究極の幸せの1つ目は、**愛されること**。2つ目は**ほめられること**。3つ目は**必要とされること**。そして4つ目は**人の役に立つこと**。初めて雇った障害者の女子社員たちを雇用し続けるかどうか、他の社員たちからのクレームで迷っていたときにこの話を聞いたとのこと。

「赤ちゃんならそこにいるだけで愛される。でも大人になってからは、ほめられるようなことをすること、必要とされるような価値を持つこと、そして人の役に立とうとする姿勢を持つこと、これらができてこそ大人になっても他人さまから愛される人になる。それは仕事によって身につき、磨かれていくもの。あんたはその機会を作ってるんや。人は働くことを通して人生で究極の幸せをつかんでいくんやで」と。

感銘を受け、話に納得した社長は反対していた社員たちを説得し、彼女たちを支える仕組みを工夫したとのこと。それがむしろ生産性を高めることや会社の風土を良くすることにつながったというストーリーでした。私は感動して慌てて必死でメモを取り、それ以来、研修やセミナーの場で、また、キャリアコンサルティングの場で、成長をテーマに取り上げるときにはいつもこの「究極の4つの幸せ」の話を伝えています。

ほめられる仕事とは相手が期待する以上の結果を出すこと。必要とされるのは、価値ある仕事をするから。人の役に立とうとする姿勢は主体性そのもの。それは自然と身につくことだけではなく、教えたり、体験が経験に変わるよう意味づけしたり、励ましたり、仕組みや環境を整える誰かが側にいてこそより良い成長ができるのではないかと思います。人を育てるとは、究極の幸せにつながる成長を支援することといえるかもしれません。

10. 成長支援のしくみ「メンタリング」は人間力を開発する関わり

第1章でメンタリングとは一般的に〝人の成長を支援するしくみ〟であることをお伝えしました。人を育てる役割のある人のことを「メンター」と呼び、育てられる人のことを「メンティ」と呼びます。そして、そのメンターとメンティとの間に繰り広げられる関わりのことをメンタリングといいます。支援マインドを持ち、特定の領域において知識、スキル、経験などの比較的豊富なメンターが、未だそれらが豊富でないメンティに対して成果面と効果面の両面で共に学びながら一定期間継続して行う支援行動を意味しています。

しかし、現在世の中で認知されているメンタリングのイメージや定義は実に多様です。ビジネスの世界では、企業内に期限を設定した制度として取り入れられ、メンターの役割を与えられた人が、新人などのまだ経験の少ない人に対して仕事がうまくできるように一対一でキャリア発達を促す関わりのことをいいます。また、経験の少ない起業家に対してロールモデルのような存在の経験ある事業家が行う助言や援助のことをいう場合もあります。さらに職業上のことだけに限らず、親や教師、スポーツの指導者などが育てたい相手のキャリア発達を支援することもメンタリングだといわれます。ここでいうキャリアとは、職位や職業経歴、資格など狭義のことだけではなく、広義のキャリア、すなわち人生全体の成長のこともさしています。メンタリングの目的の一つはこのように**キャリア発達の支援**だとされています。

そしてもう一つのメンタリングの目的とされているのが、**心理・社会側面での支援**です。そう考えると、メンタリングとはまさに究極の幸せにつながる成長を促す関わりといえます。メンターという言葉の由来となったメントールもテレマコス王子が将来立派な王になるために、知的、精神的、社会的、職業的（帝王学）な力を身につけることができるように全人的すなわちトータルな人間力を伸ばすための教育をしたことから、それをできる人のことをメンターと呼ぶようになったのは前述のとおりです。

ここで**トータルな人間力**ということを少し深めていきたいと思います。あなたは「人間力とは何か」と聞かれたらどんなふうに答えますか？　私の場合、以前は人間力というと勇気や根性や優しさなど、どちらかというと精神的なことについて連想していました。でも、それは人間の持つ力の一部でしかなかったのです。２００５年に初めてメンタリングを学んだ国際メンターシップグラジュエートスクールで**「全人的人間力（HQ）：5つの人間力モデル」**を知り、人間の持つ力をより具体的にイメージできるようになり、人間の可能性に大きな期待感を持つようになりました。また、それによって自分自身の強みや、逆に弱い部分を客観的に把握できるようになりました。このモデルは本当にパワフルです。授業や講座をするときもゴール設定が具体的になり何を教えるべきかを明確に設定しやすくなりました。また、キャリアコンサルティングの場面でも、相手の現状とめざしたいゴールを明らかにするときにこのモデルを意識して共有しながら可視化していくことでクライエントの自己理解をサポートすることができるのでとても役立っています。現在の強みを言語化、可視化することで自己肯定感があがり、自信を失っていた人が自分の可能性に目を向けるようになったことも少なくありません。

「全人的人間力（ＨＱ）：５つの人間力モデル」は**人間の力が「知力」「感力」「行力」「活力」「場力」という5つの力（インテリジェンス）から成り立つ**と捉えています（図参照）。実はこ

《5つの人間力》

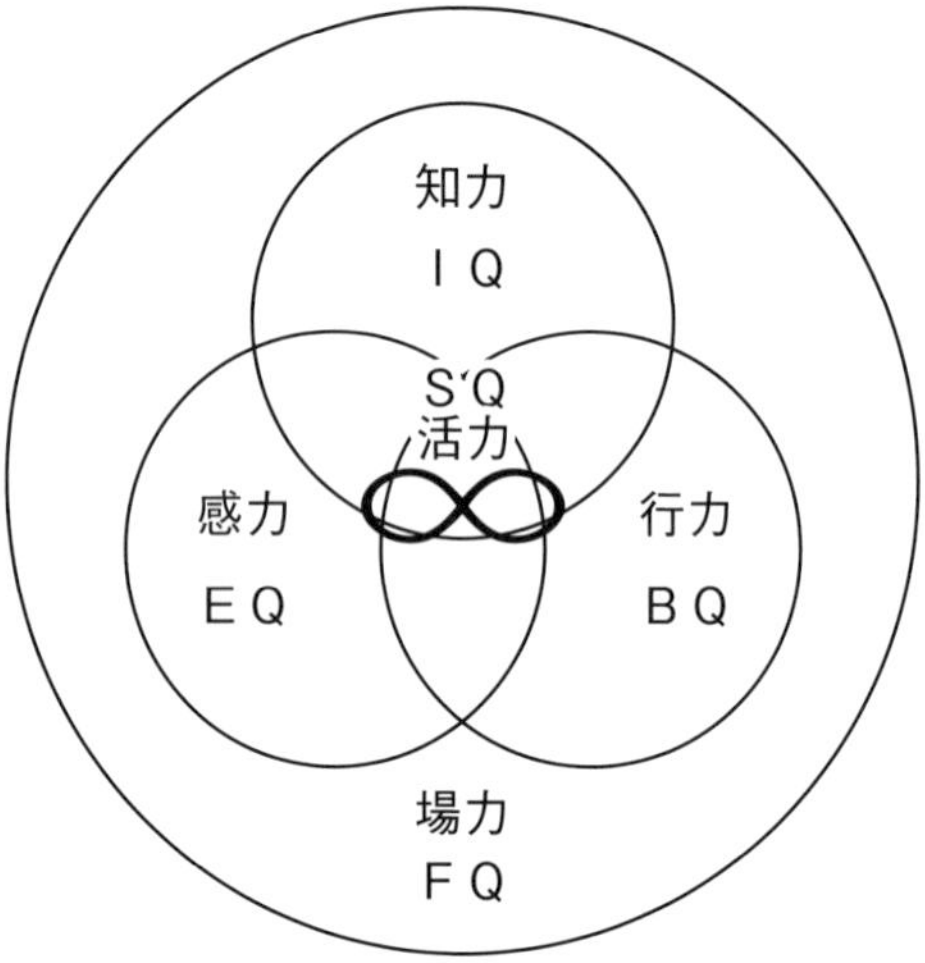

©特定非営利活動法人　国際メンターシップ協会

の考え方のルーツは1960年代に遡ります。国際メンターシップグラジュエートスクール学長であり、私の最大のメンターである吉川宗男先生が、当時ハワイ大学で日本語教師のためのカリキュラムの開発に携わっていたときに採られた考え方が土台になっています。目的思考やゴールから逆算する考え方は現在では、日本でも普通に取り入れられている考え方ですが、ビジョンを重要視し、目的思考が非常に強いアメリカ文化では、常に「何のために」を意識し、目標の描き方、ゴールの描き方を考え、そのゴール（成果）に到達するためのデザインをします。その重要な要素として、**①頭の知の領域**、**②情の領域**、**③行動の領域**を取り上げられたのだそうです。

　のちに1990年代に入ってから、特定非営利活動法人国際メンターシップ協会の設立、そして国際メンターシップグラジュエートスクールを創設するプロジェクトの中で3つの領域をもとにした、**知力**、**行力**、**感力**に加え、この3つを統合させる中心となる胆力のような力を**活力**とし、五行論の「場」の概念を加えた**場力**を加えて完成されたのがこの5つの人間力になります。「場」とは、陰陽五行論において、自然界や人間社会を包括する広範な空間や状態のことを指します。場の概念は、自然の流れや人間社会の関わりや調和を理解し、調整するために重要だといわれています。

西洋と東洋の考え方がまさに統合されたのがこの図です。なんだか本当に壮大です。

11.「5つの人間力」で人間力をリアルにイメージしてみる

「知力（ちりょく）」とは、**頭の領域**。知識の量や理解力、暗記する力など一般的に学力といわれるものがあたります。本質を見抜く力も大切な力です。また、現代にあっては膨大な情報量から、必要なものを選び出す、情報検索力なども重要な力でしょう。

「感力（かんりょく）」は感じる力で、**心の領域**。ＥＱ（イーキュー）という言葉が最近では広く知られるようになってきましたが、感情の能力です。具体的には、自分や他者の感情の状態を認識したり、感情を調整したり、活用できる力や他者への共感力などです。目に見えないものを感じ取る力や、人を思いやることなども大切な能力として含まれます。

「行力（ぎょうりょく）」は**体の領域**で、身体（ボディ）と行動（Behavior　ビヘイビア）する力。スキルとは身についた技能のことを意味しますし、知識や情報を行動に移す実践力があってこそ知識や情報は活かされます。身体能力そのものや、スキル、実行力、実践力などがこの力です。

「活力（かつりょく）」は頭と心と身体の輪が重なり合うところで、昔から東洋医学で全身の精気の集まる所とされる**丹田（へその下あたりにある）の持つ力**であるとされています。丹田を意識して呼吸することで生命力が高まるとされていて生きる目的そのものの力であり、「腹をくくる」とか、「腹を決める」など意志の力でもあります。エネルギーの相乗効果を生み出す力とも定義されています。

「場力（ばりょく）」は、東洋哲学の陰陽五行論などの「場」と西洋科学の物理学の理論（特に現代物理学の量子論）の両方がベースとなっています。東洋哲学における「場」とは人間が生きる上での環境や社会、文化、歴史的背景などの中での場面を表わし、量子の世界とは相補いながら存在している関係性の世界であり、全ての存在がこの「場」でつながっているとされていることから、場力とは**環境や状況を読み取ったり把握したりする力、そして関係性を理解したり創り出す力**であるといえます。

定義だけではわかりにくいので、ちょっと具体的にみていきましょう。

例えば私がこの5つの人間力に初めて出会った頃の日本語教師の場合で考えてみます。語学を教えるとき、言葉や文法の知識を与えることは必要（知力）。でも実際は知識だけでは話せないし、読めるように、書けるように身体を使って身につけ、実践で活かせるようになるには運用する機会を作ったりしなければなりませんね（行力）。知識だけではなく、何ができるようになるかが大切です。また、どんなに知識やスキルを伝えようと思っても、教わる相手が関心を持ったり、教える自分を受け入れてくれないと、意味がありません。相手が興味や態度をポジティブに持ち、モチベーション高く学んでくれるようにできることも大切です（感力）。そしてクラス全体が楽しく学べるように雰囲気づくりや勉強に集中できるように居心地の良い環境を用意することも大事です（場力）。

キャリアコンサルタントとしての力量を「5つの人間力」で考えてみると、たとえばこんなことが例として挙げられるかもしれません。まず、キャリア理論やカウンセリング理論、または労働法令や労働市場についてなどについて知識をもっていること（知力）。実際に面談を進めていくためのコンサルティング技能や報告書などを作成するための文章作成能力（行力）。相談者の気持ちに寄り添ったり、自分の感情をニュートラルに保ったりするための感情マネジメント（感力）。そしてどんな場所（企業か、公共相談施設か、職業訓練校かなど）で、キャリアコンサルタントとしてふるまうのか、どんな役割を期待されているのかを把握して行動すること（場力）。何よりも、人の人生に関わる重要な役割を持つキャリアコンサルタントとして、自分は何を目的として活動するのかという信念や使命感（活力）が求められるのではないでしょうか。

ネイリストの場合も見ていきましょう。

ネイルの知識だけではなく、爪の構造や衛生管理など多岐にわたる知識が必要になります（知力）。もちろん施術する技術が何よりも求められますし、接客も実際に身についてこそ意味があります（行力）。多くのネイリストの方を知るようになってから、検定試験もさることながら、多くの人がコンテストに向けて技術向上のために日々努力を続ける姿を知り、私は尊敬の思いがとても強くなっています。また、長時間お客様と対面で、一対一で接するのでお客様の話を聞く傾聴力や、快適に過ごしてもらうためのホスピタルマインドがとても求められます（感力）。衛生的で美しい環境づくりはもちろんのこと、サロンでの自分の役割を意識しながらメンバーと良い関係性を築くことも必要です（場力）。そして、何を大切にして、どんな価値をお客様に提供できるかで、ネイリストとしての活躍する姿が変わるでしょう（活力）。

いかがでしたか。あなたの場合はそれぞれの領域でどんなことができていますか。講座では、それぞれの領域で今の自分ができていると思うことをどんな小さなことでも書き出してもらうようにしています。書き出したあとは、「結構頑張ってきたな」と自分を認める気持ちが湧き出てくるようです。

12. スキル面から見たメンタリングの役割と機能

人を育てるためのしくみのことをメンタリングということをお話ししてきました。同じように人に関わる支援や相談業務の方法に、「カウンセリング」、「コーチング」、「コンサルティング」というものがありますが、こちらのほうが聞きなじみがあったかもしれませんね。

実はそういった支援の方法のスキル面で整理すると、図のようになり、メンタリングはそれぞれのアプローチを包括したものになります。

まず、この図の中心にある横線はある人にとっての「普通」、プラスでもないマイナスでもない状態を表わしています。向かって左側は課題を達成するために必要な関わりで、右側に行くほど意欲（モチベーション）の向上を図るための関わりになることを表わしています。

カウンセリングとは一般的に、その人にとってその普通の状態からマイナスの状態になったときに元の状態に戻ることをサポートする関わりのことをいいます。悩んだり、落ち込んだり、困ったことが起きたりしたときに必要とされます。

コーチングとは目標に向かって（または目標を設定するところから）、それを達成するためのサポートをする関わりのことをいいます。コーチの由来は、目的地に向かう馬車から来たとされ、人を目的地に運ぶ役割から、目標達成を支援する関わりのことをさすようになりました。

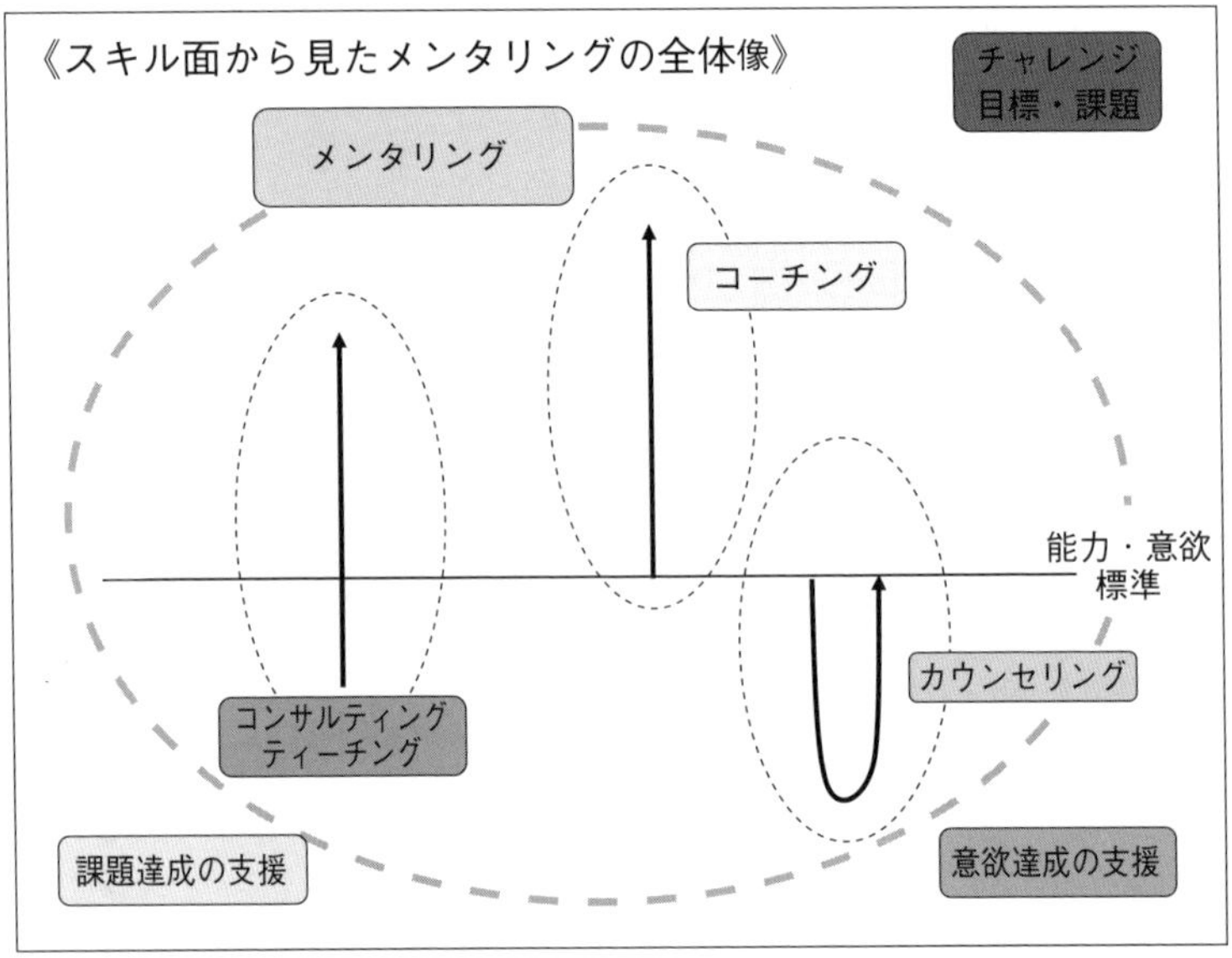

ティーチングやコンサルティングはその人が知りたいこと（場合によっては知らないことに気づくところから）を教える関わりのことをいいます。

メンタリングは一定期間、人が成長するプロセスを支援する関わりです。人はいつも落ち込んでいるわけでもないですし、常に目標に向かって前向きに進めるわけでもありませんよね。また、いつも教えてほしいわけでもありません。人はそのとき置かれた環境やタイミングによって本当に変化しますよね。そのときそのときの状態や状況に応じて適切な関わりをしていくことが必要です。《え⁉　すべてのスキルを身につけないといけないの？》という声が聞こえてきそうですがそうではありません。もちろんそれができれば越したことはないのですが、大切なのは今目の前にいる育てたい人、成長を支援したい人がどんな状況にいるかをしっかりと観察して理解することです。相手が今どんな状態なのか、どんなことを考えているのか、どんな気持ちなのかなど相手の様子に関心を持ってどんな関わりを必要としているかを感じ取り、場合によってはそれぞれの専門家に委ねることも選択すればよいのです。

ただ、日常の業務や生活のなかで、専門家に託すほどではない変化は確実に起こりますので、その変化を見極めて対応できることは人を育てるメンターにとってとても大切な能力といえるでしょう。その人の成長のプロセスを大きな視野でとらえ、今どんな状態で、どんな関わりが必要なのかがわかることで、育成の悩みや不安はかなり軽減されるでしょう。どのように対応を変えたらよいのかについてはこののち、第3章で具体的にお伝えしていきますね。

13. 育成の極意①　相手がわくわくするビジョンを共有しよう

さて、これからは私がこれまでメンタリングを学び、多くの人との関わりの中で確信を持ってきた、人を育てるために必要だと考えた「**4つの柱**」についてお話したいと思います。その4つの柱がまさに**育成の極意**。それでは一つひとつ見ていきましょう。

私がメンタリングを学んだもうひとりのメンター、福島正伸先生の言葉にこんな言葉があります。

「夢しか実現しない」
「罰を与えず夢を与える」

学校や研修などの教育の現場、またキャリアコンサルティングの場面で、さらには自分のコミュニティで、この言葉の持つ力をこれまでの経験で実感しています。夢とは自分が望む理想のこと。少し大げさな言い方をすると自分が生きる目的や意味が形になったものといえます。ビジョンとはそれが達成されたときの状態のことです。

人が成長を支援するためには成果と意欲の両面を考える必要があります。この意欲、モチベーションを高めるためにビジョンを持っておくことは大きな役割を持ちます。なぜならば、私たち人間は無意識のうちに意味を求める存在だからです。なぜ今これをしているのか。今どこに向かっているのか。ここがあいまいになっていると、困難なことが起きたり、疲れてくると動けなくなったりすることが多くないですか?

キャリア相談の現場でこんなことがありました。新卒で就職した会社を1年半ほどで辞めたAさん。初めての転職活動で何から始めたらよいのかわからず、わたしが相談員をしている相談室を訪れました。この相談室では、数回から長くて10回程度、就職・再就職をめざして伴走し、支援しています。適性検査などどちらかというと内向きの活動のときはやる気があっても、実際に応募活動が始まると、書類の作成といった手間がかかることが必要になったり、企業とのやりとりや面接などで不採用の連絡が続くと、現実を知って落ち込むことも出てきたりするので、次第に就職活動へのモチベーションが下がってきます。Ａさんもやはりその状態になりました。

そんなときに、「どんな毎日だったら最高か」「どんな自分になっていて、どんなところでどんな人と関わっていたいか」を事前に共有しておいたので、それを思い出してもらいました。すると、それを手に入れるために今自分はこうして動いているのだということを思い出し、また前向きな気持ちを取り戻し、「なぜうまくいかないのか」という自分や環境を責める気持ちから、「どうしたらうまくいくか」「何から変えていくか」を考えるようになりました。そして自分が最も大事にしたいことを実現できそうな職種や環境をあらためて整理し、自分に合う企業を自ら探し出すことができ、その後みごと転職に成功したのです。

自分に本当に大切なことを見極めて、それを手に入れることで充実感を得ること。これが成功の一つの定義だとすると、Ａさんが成功を手に入れることができたのは、自分の価値観に基づいた将来の目標や理想的な状態を具体的で明確にイメージしたビジョンを持っていたからであり、それを就職支援する担当者である私も知っていたので、悩みの渦中にあってそれを忘れかけていたときにそもそもの目標や転職の目的を思い出すサポートができたのです。

成長を支援する人が相手のビジョンを共有しておくこと、まだ明確でないときには明確にするところからサポートしておくことは相手の前向きな行動の動機づけにとても重要なのです。

そして自分が成長を支援することによって相手が成長していくことを相手以上に強くイメージすることも大切です。

また、組織やチームにとっても成長するうえで、ビジョンの共有はとても大切なことです。20世紀を代表する経営学者で組織論、リーダーシップ論で有名なピーター・ドラッカー博士は、**組織と個人のミッションが一致することが組織の成功につながる重要な要素**であるとしています。ビジョンとはミッション（使命、目的）が実現されたときの状態のこと。社員やメンバーがイメージしているビジョンと会社やチームのビジョンが同じであれば、個人は組織やチームにとって価値あるメンバーになり、組織も同時に個人の成長や幸福に寄与するといっています。もし、一致しない場合、個人は組織に対して不満や不信感を抱き、仕事に集中できずにパフォーマンスが下がるでしょう。

もし、あなたが経営者やチームリーダーなど、組織を運営する側であれば、育てたい相手のビジョンを知っておくと同時に、相手がわくわくするような組織のビジョンも共有してください。わくわくするとは期待や喜びで心が躍るような感情です。人はわくわくすると思わず動き出したくなります。積極的な気持ちになり創造性も高まります。

実際に以前、まり子さんの経営しているサロンのスタッフ全員とまり子さんで、ビジョンを描く「**メビウスマップ**™研修」をしたことがあるのですが、メビウスマップを描いてからスタッフのみなさんの行動が意欲的、そして主体的になったそうです。メビウスマップがどのようなものかは最終章でお話しますが、まり子さんの思いがスタッフに伝わり感謝とやる気を呼び、まり子さんもまた、スタッフへの感謝の気持ちが強くなりました。スタッフの夢がまり子さんのさらなるチャレンジへの勇気のもとになりました。ビジョンを共有することでシナジー（相乗効果）が起きたのです。

14. 育成の極意②　相手の成長プロセスに沿って適切に関わろう

あなたは部下やスタッフなどにこんなことを感じたことありませんか？

やる気があるように見えたので、本人の自由にやらせたらすぐにやる気が見えなくなった……

落ち込んでいるように見えたので、こんなときは傾聴が大事だと、ひたすら傾聴しようとしたけど、ますます落ち込んでしまった……

結構いろいろできるようになっていたように思っていたけど、最近やる気がないなあ……

メンタリングの機能と役割のところでもお伝えしましたが、メンタリングとは一定期間成長を支援する関わりなので、その成長する過程で相手も変化していきますし、その変化に伴って相手が必要とする関わりも変わってきます。相手がどんな状況にいて、どんなことを求めているかを把握してそれに応じた関わりをすることが大事な極意のひとつです。

成長とはできなかったことができるようになること、自分のことを自分で判断できるようになること、新たなことに自ら挑戦できるようになることなどいろいろな説明ができますが、つまり様々な変化・変容が起こることだと言えるでしょう。

この変化・変容ということに関して、日本語教育に携わっていたときに留学生の理解のための異文化適応のプロセスを学んだことがあります。**異文化適応プロセスモデル**は、異文化適応のプロセスを４つの段階に分け、それぞれの段階で起こる課題と感情の変化を説明するモデルで、以下の段階を想定しています。

ステージ１：**ハネムーン・ステージ**（新しい文化に感激）

見るもの、聞くものがすべて新鮮で、新しい文化に来たという興奮と期待感でいっぱい。

ステージ２：**カルチャーショック**（異文化に直面）

抱いていた期待が失望へ、興奮が落胆へと変わる。

ステージ３：**適応開始期**（適応を開始）

その文化での暮らし方やふるまい方にも慣れてくる。文化の違いからくる孤独感や焦燥感も軽くなり、現地の人との交流がうまくいき始める。うまくいくと自信になる。

ステージ4：適応期（異文化へ適応）

文化の違いを理解し、その違いを受け入れる。新しい文化でのさまざまな経験から視野の広い見方や考え方ができる。本当の意味での異文化適応が始まる

この理論は留学生を指導支援するうえで必要な知識として日本語教育能力試験にも出るような理論なのですが、確かに日本に来て新しい生活や勉強を始める学生たちの様子をみていると、およそこのプロセスを通ることを実感しました。確かに、入学当初は、日本での生活に夢や期待感を持ち目がキラキラしていてやる気満々です。ところが、しばらくたつと、思い描いたイメージよりも生活が厳しかったり、日本語の学習が進まなかったりするので、元気がなくなりイライラしている様子も見られます。授業中も寝てしまったり、休みがちになったりする学生もいました。でもしばらくそのような状態が続いたのち、少しずつ慣れてきたらアルバイトを始めたり、そこで日本人の知り合いができたりすることで経済的にも精神的にもゆとりが出てきて楽しそうになり、卒業するころには自信も出てきています。もちろん個人差はありますが、多くの学生がこのようなプロセスを通るのでした。

この変化のプロセスを「異文化」を**新たなものとの出会い**と考えると、他のことにも当ては

まります。例えば、新入社員もそうですね。入社時はやる気も満々。私も新入社員研修を何度も担当したことがありますが、不本意な会社に入ったなどの例外を除けば、新入社員の皆さんはいちように期待感たっぷりでやる気に満ち溢れています。しかし、2年目の研修も引き続き担当して再会した際には、社会人としてのたくさんの現実の壁にぶつかって落ち込んでいる人を散見しました。現在担当している自治体の若者相談室にも、入社2、3年目で壁にぶつかりそのまま辞めてしまって再就職の相談に来る若者が少なくありません。辞めなかった場合は、迷ったり悩んだりしながら経験を積んでいくうちにだんだんと気づきや発見があり、その環境でなんとか乗り越えることができたのでしょう。

実はこの壁に当たり、落ち込んでいる人への対応が成長を支える最大のポイントになります。詳しくはまた次の章でお話しますね。

同じように、何か技術を身につけたりするプロセスも当てはまるのではないでしょうか。大切なのはそれぞれの段階に応じた関わりをすること。そしてその前に、今どのような段階にいるのかをしっかりと把握しておくことだと思います。スキルの全体像にあったように、人の成長を支援する役割を持つ人（すなわちメンター）が、相手（メンティー）が今どの段階にいてどんな状態にあるかをよく見て、それに応じた関わりをすることで、相手が新しいことに順調になじみ、適応していくことができるのです。

15. 育成の極意③　相手の特性を理解・尊重し、適切に関わろう

あなたはスタッフや部下との関わりでこんな経験をしたことがありませんか？

●とてもよい仕事をしてくれたのでAさんを朝礼でほめたら、それが励みになってさらに頑張ってくれた。ほめることは育成に大事だと聞いていたから、これはいいと考えBさんにも同じようにしたら、ちょっと嫌がって、なんだかそれ以来あまり目立った活躍をしなくなったような気がする……

●自分があまり細かい指示をされるのが嫌だったから、おおまかな指示を出してあとは任せたほうが良いかなと思ってそうしたけれど、無責任だと思われていた。

実は人には固有の行動特性の傾向があり、目の前の状況に対しての反応に違いがあるのです。コミュニケーションに不具合が起きたり、誤解が生まれたりするのはそのためです。自分の経験だけで、自分がとる行動（反応）をほかの人もとっていると思い込んでいると、誤解から対立が起きてしまうこともあります。自分の常識は相手にとっては非常識なことかもしれません。

先ほどのBさんの場合は、ひょっとすると大勢の前でほめられるより、一対一の時間をとって「助かっているよ」と感謝したほうが、役に立てたとうれしい気持ちになるタイプだったの

かもしれません。

　そして指示の出し方への反応の違いはよくあるケースで、指示が細かいと自由が奪われる気がして窮屈に感じるタイプもいれば、指示が細かいほうが安心するタイプの人がいます。実際にこんなことがありました。私のメンタリング講座を受講したネイルサロンの経営者の友香さんは、自分がどちらかというとあまり細かいことをいわれるのが好きではなかったので、スタッフにも、「自由に考えてくれていいよ」とか「だいたいこんな感じで……」など、大まかな指示の出し方をしていたそうです。そのほうがスタッフを尊重していることになり、喜んでくれると信じて疑わなかったとのこと。ところが講座の中で、人によってはやり方や条件など細かく指示されたほうが安心するということを知り、あるスタッフのことを思い出して、後で本人に聞いてみたそうです。すると、友香さんが思っていたのとは裏腹に、指示がざっくりしていたことでこれまでかなりの負担があったことがわかり驚いたとのことでした。気がつかなかったことを謝り、それからはそのスタッフの不安や疑問を確認しながら指示を出すようになってからはそのスタッフは安心したのか、生き生きとして笑顔が増えたそうです。

　また、どんなことをほめられるかも人によって違うなと感じたことはありませんか？

　例えばリーダーシップをほめてほしい人、思いやりや協力的なことをほめてほしい人、アイデアをほめてほしい人、仕事が精密であることをほめてほしい人など……。ほめられて嫌な人はいないと思いますが相手のどんなところをほめるか、またどのようにほめるかで相手からのあなたへの信頼度が変わります。人前でほめることでより一層うれしいと感じる人もいれば、みんなの前で自分だけほめられたらなんだか居心地が悪い人もいるのです。みんなの前でほめられるより、丁寧に感謝の気持ちを伝えられたほうがうれしいと感じる人もいます。

大切なのは、自分と人は違うということを大前提に相手の行動を少し丁寧に観察してみること。「自分がしてもらってうれしかったことを他人にもする」のではなく、「相手がしてほしいと思うことをする」という意識が、相手から「この人は私のことを分かってくれている」という信頼感を得ることになります。相手の世界で相手を考える姿勢こそが相手を尊重することになるのです。まずは**自分の「当たり前」が人にはそうではない**と考えるところから始めて、相手がどんなことを喜び、どんなときに不安を感じるのかなど、ちょっと意識しながら相手の様子を丁寧に観察してみることから始めてみませんか？

16. 育成の極意④　関わるメンター自身がありたい姿に向かってGo！

ところで、あなたは育てている部下やスタッフから憧れられていますか？

私のもう一人のメンターである福島正伸先生はメンタリングには大切な3つの行動基準があるとおっしゃっています。その3つは、**見本・信頼・支援**。ここで質問です。全部を足して10

としたら、**見本：信頼：支援**それぞれの割合はどれくらいずつになると思いますか？　講座でも受講生の皆さんにいつもこの質問をするのですが、ほとんどの人は残念ながらはずれます。よくある答えは、3：3：4とか、2：3：5など、3つの割合があまり変わらないものです。ところが、正解は、なんと**7：2：1**。圧倒的に見本の割合が高いのです。意外でしたか？

でも、確かに、人を育てたいなら自分自身が相手にそうなってほしい姿を見せることが相手に一番説得力があるなあとこれまでの経験を振り返っても思います。

まず、日本語教育に携わっていたときにも、学生たちが興味深く聞いてきたのは私の経験談であり、私自身が指導法などについてどのように研鑽《けんさん》しているかを確認してくるようなこともありました。また、研修やコンサルティングなどで関わってきた企業の様子を思い出してみても、経営者や上司が明るく、部下に配慮があるような会社は、社員の方も確かに明るく前向きな雰囲気であることが多いです。反対に、経営者や管理職の方が威圧的なムードの会社は、社員の皆さんもどちらかというと不愛想で不満を多く持っているようなケースが多かったように思います。

心理学で**ミラー効果**というものがあるのですが、まさに鏡のように、自分が相手に対して示した態度や行動によって、相手が自分に対して同じような態度や行動を示すことがあるそうです。自分が思っている以上に相手は自分の言動に影響を与えていると思ったほうが良いでしょう。自分自身が自分の目標を持ち、その目標に向かって努力している姿を見せることで相手に良い影響を与えることができます。まさに**見本としての影響力**ですね。

実際に、まり子さんのサロンで古くからいるスタッフの一人から聞いた話ですが、まり子さんが世界チャンピオンのタイトルをめざしていた当時、まり子さんの一生懸命努力する姿を見ていて、自分も技術を高めることをとても重要視するようになったとともに、タイトルを取るという目標を見事に達成したまり子さんが自分の上司であることが自慢であり、憧れを持ったそうです。その思いはまたほかのスタッフにも伝わり、常に技術の向上をめざす風土ができているようです。

自分自身も自分がありたい姿に向かって努力している人は、他人の成長過程や困難さをより深く**理解し、共感することができる**ので、その結果、より相手に寄り添った適切なサポートやアドバイスを提供することができるでしょう。

そして自分自身が目標を持ち、それに向けて努力していることで、言葉だけではなく、実際の行動によって自分の信念や価値観を伝え、相手に対してより**説得力を持って信頼される**存在になることができるでしょう。

こうして人の成長を支援する人（メンター）が自らも目標に向かって努力することで相手との相互の信頼関係や共感、理解が深まります。そしてその結果、相手に自然に伝わりやすく、より効果的なサポートになっていきます。

また、人は憧れる人に出会うとやる気が出ますよね。なぜならその人が自分にとっての目標や理想に近い存在であるため、自分もそのような人になりたいという気持ちが生まれるからです。また、憧れる人の行動や言動を見て、自分もそのような行動や言動を取り入れることで、自分自身の成長につながると感じることができます。ミラー効果を良い形で意識したいですね。

人を成長させたい人はぜひ、自分自身の未来も自分が望むものであるために、ありたい姿をイメージしそれに向かってチャレンジしていきましょう。そう思って過ごす姿が見本となって相手をやる気にさせるのです。自分も成長し、相手も成長する……　そんな関係性になれば本当に素敵だと思いませんか?

17. 共進化のマネジメント～共に成長する関係性を育もう

以上のように第2章では、人を育てるということがどういうことなのかを考えてきました。また、育成の極意について、4つのことをご紹介しました。私はこの4つの極意をおさえた人材育成の方法を**ビジョナリー・メンタリング・マネジメント**®として体系化し、人を育てることを真剣に考えている経営者、講師、コンサルタントなど人材育成の役割を持つ方々にお伝えしています。

一般的にメンタリングは人の成長を支援するしくみと言われ、企業や教育現場で上司や教師などの上に立つ指導者が、知識やスキルが未熟な人を教育や指導、サポートをすることだと捉えられています。ですが、それだけでは表現しきれないものであると思っています。

私は、吉川宗男先生から「5つの人間力をもとにした人間力開発のプロセスと共進化の思考」、そして福島正伸先生からは「自立型人材育成のマネジメント」を学んできました。それをもとにキャリア理論などを統合して**ビジョナリー・メンタリング**として整理したことをこれから多くの方々に伝えていきたいと考えています。

ビジョナリー・メンタリングとは、**相手との信頼関係を構築し、ありたい未来に向けて共に進化（共進化）していく人間力開発のしくみ**です。人を育てることは、自分が育つことでもあります。なぜなら、本気で人を育てようと思ったときに相手のためになることを時には悩みながらも、試行錯誤しながら学び実践していくうちに育成者自身も気がついたらいろいろなことが身につき進化していた、ということはありますし、**相手の成長のために努力する姿勢が相手の信頼を得る最良のこと**でもあるからです。

私自身も学生たちやセミナーや講座の受講生の皆さん、そしてこれまでキャリア相談を受けてきた方々のおかげで、知識が増えスキルが向上し、何より人間への理解が深まりました。もちろんそのことにより、感動したり感謝したりする出来事が増えました。また、共に学んでくれた受講生の、経営者や講師の皆さんもメンティーたちとの関係性が良くなり成果につながったエピソードもたくさん増えてきました。

第3章からは、その内容について具体的にみていきたいと思います。

《第2章のまとめ》

- 成長支援のしくみであるメンタリングはその関わりを通して人間力を開発することだといえる。
- 人間力を知力、感力、行力、活力、場力という5つの領域でリアルにとらえることで支援のゴールはより具体的になる。
- 人を育てるための極意とは次の4つ。
  ①相手とビジョンを共有する
  ②相手の成長プロセスに合わせた対応をする
  ③相手の特性を理解して適切に関わる
  ④メンターである自分自身が成長する姿を見せる
- 相手の成長にとってプラスになるように関わる努力、そして相手からも学ぶ姿勢が結果的に自分の人間力を高めることにつながっている。メンタリングは共進化のプロセスでもある。メンタリングを通して共に進化していこう。

第3章

人を成長させる方法

18. あなたは大丈夫？　こんな関わりしていませんか？

第2章で、人が成長するとはどういうことか、私がこれまでに研修などで関わってきた人たちの意見に触れました。繰り返しになりますが、

・できなかったことができるようになること
・人に頼らなくても自分でできること
・自分のことを自分自身で判断できるようになること
・言われなくても自分から進んでできること
・自分のことだけでなく他人や全体のことも考えられるようになること
・誰かの役に立てるようになること
・課題を解決する力が大きくなること
・他人の気持ちを理解できること
・自分の感情をコントロールできるようになること

といったようなことでした。まとめてみると、成長とは知識やスキルの習得や出来事への対処などの経験の積み重ねによって自分に自信や信頼感を持ち、主体的に判断して行動できるようになることだと言えるかもしれません。そして、他者との関わりを学び、他者とのより良い

相乗効果を生み出していける、社会に生きる人としての発展のプロセスだとも言えるでしょう。

そう考えると、知識やスキル、そして出来事や人とどんな関わり方をするかが成長の度合いや内容に影響を与えるということもよくわかります。

実際にキャリアコンサルティングの現場で、離職した相談者からよく聴く話にこんなことがあります。

「入社してまだ間もない頃から、先輩や上司があまり教えてくれないので、自分なりにやってみて違ったら怒られて本当にしんどかった。やはり初めはわかるまで丁寧に教えてほしかった」

「できなくて落ち込んだときに、先輩や上司にちゃんと寄り添ってもらえず、孤独感がいっぱいで辛かった」

「助けてほしいときに助けてもらえず、自分でもできることにいろいろ口出しされたりしてやる気がなくなった」

「自分では結構仕事できるようになったつもりなのに、いつまでたっても肝心なことを任せてもらえないので成長できないかなと。もうここでは自分の未来はないと感じたから辞めました」

相談者の話を聴きながらいつも思うことは、人は本当に成長したい存在なのだということです。厚生労働省の調査や人材系企業の調査などでは離職理由の上位として、給与や労働時間などの条件への不満が挙げられていますが、実際の相談現場の感覚では、やりがいや、自分の存在価値に対しての不足感が根底にあるように思います。仕事ができるようになりたい、自分の力を発揮したいという思いが根底にあるからこそ、それがスムーズにいかないときにやる気がなくなったり辞めたくなったりするのではないでしょうか。

もし、教えてほしいときにちゃんと知識や情報を与えたり、やり方を十分に教えてくれていたりしたら……。もし、できなくて落ち込んでいるときに、寄り添ってくれたり、できるように丁寧に教えてくれたりしていたら……。もし、できそうなことはやらせてもらえて、自信がなかったり、困ったりしたときには必要なサポートをしてもらえていたら……。もし、自信がついてきた頃を見計らって、できる仕事は任せてもらえたら……。彼らは辞めようとまでは思わなかったかもしれません。

ところで、やる気があって生き生きしている状態を「モチベーションが高い」と言いますね。このモチベーションは、自分がこうしたい、こうでありたいと思う状態が満たされたときに上がると言われています。またそのような、こうしたい、こうでありたいという欲求や必要性のことを「**ニーズ（needs）**」と言います。先ほどのいくつかの例は、まさにこのニーズが満たされなかったことでモチベーションが下がってしまったのです。相手のタイミングやニーズに応じた関わりができていないことが相手のやる気をなくし、成長を阻害する原因でもあるのです。ではどうすればよいのでしょうか。

実は2章の育成の極意②で出てきた成長プロセスに沿って適切に関わろう、というのがまさにこのことなのです。それでは成長プロセスについて詳しくみていきましょう。

19. 人の成長には法則があった！

第2章で異文化適応プロセスモデルについてお話しました。異文化（新しいもの）と出会ってから適応するまでのプロセスを4段階（ステージ）に分けてそれぞれの段階で起こる課題と感情の変化を説明するものでした。それを少しわかりやすくまとめると次のようになります。

第1のステージは新しいものと出会った感動の時期（ハネムーンステージ）、

次の第2のステージは期待が失望や挫折感に代わる時期（カルチャーショック）、

第3のステージは気づきや発見の時期（適応開始期）、

そして最後第4のステージは適応した余裕や充実感を持つ時期（適応期）。

元々は留学生が留学先の文化に適応していくプロセスから生まれた理論ですが、さらにわかりやすく具体的な例で説明してみましょう。例えば結婚生活。まだしたことない方は思い切り想像力を働かせてください。私の個人的な話で恐縮ですが、結婚当初は、毎日同じ家に帰れることがとてもうれしかったのを覚えています。一緒にいる時間が増えたことだけで十分うれしく幸せでした（ハネムーンステージ）。ところがその分、交際時にはわからなかった「生活習慣」

の違いを嫌というほど多い知らされることになり、小さな衝突も増えてきました。何より結婚すれば夫の後ろには多くの親戚。まさに異文化との遭遇です（カルチャーショック）。今では笑い話ですが自転車に飛び乗って家出!?をしたり、ストレスで免疫力が落ちて病気になり、毎日点滴に通う事態になったりしたこともありました。

けれどもそうこうしているうちに、それまで違う環境で生活してきたのだから「違いがあって当たり前」だと気づき、相手だけを責めずに、自分のことも振り返ることができるようになりました（適応開始期）。

次第にどちらの実家のやり方にも慣れて受け入れることは受け入れ、そのうちにどちらの実家にも偏ることのない、自分たちの家庭ならではの、自分たちにちょうどいい生活になってきたように思います（適応期）。

いかがですか？　少し変化のプロセスがイメージできたでしょうか。異文化を「新しいもの」と置き換えても、このプロセスは結構当てはまります。2章では新入社員を例にしてみましたが、何か技術を習得するときにも同じプロセスを通ることがあります。例えばネイリストさんの場合なら、きれいなネイルを自分でもできるようになりたい！　と期待に胸膨らませスクールに入学。あこがれの○○さんのように私もなりたい！　とやる気を持ってレッスンに取り組む日々（ハネムーンステージ）。

でも初めのうちは繰り返し練習することで一つひとつ順調に習得していけたのに、レッスンが進むにつれてだんだんと技術も高度なものになり、精度も問われるようになり、初めのうちほどスムーズに進まなくなり落ち込んでしまう。自分には向いていないのでないか、無理なのではないかと悩むことが増えるかも知れません（カルチャーショック）。

でもあきらめずに時間をかけて練習し、周りの人の励ましやアドバイスなどを受けながらあきらめないでいると、こうしたらいいのか、など気づきやクリアできることが少しずつ増え、それに伴って自信がついてくるでしょう（適応開始期）。

そして検定試験に必要なだけの技術が習得でき、めざした試験にも合格することができて、プロとして仕事を始める……（適応期）。

どうでしょう、あなたにも似たような経験があるのではないでしょうか。何か新しいものに出会ったとき、何かを始めるときに、感動やわくわくの時期↓失望や落ち込みの時期↓気づきや発見で視野が広がり、理解したりできることが増える時期↓その分野でわかることやできることが十分な状態になるというプロセス。振り返ってみれば多くのことがこれに当てはまっていませんか？　まさに成長のプロセスと言えるでしょう。

そしてきっとそのときそのときでこうしたい、こうしてもらいたいということが違っていたはずです。立場を変えてみれば、あなたが育てたいと思っている相手も同じプロセスを通り、その段階に応じてこうしたい、こうしてほしいと思うこと、すなわち異なるニーズを持っているかも……と思いませんか。

ではこれから、このプロセスと相手のニーズについてもう少し詳しくみていきましょう。

20. 人の成長プロセスとは

人の成長プロセスについて詳しく見ていきたいと思います。

まさに私自身も日本語教師時代に実際に学生たちを指導していて実感していた異文化接触理論ですが、国際メンターシップグラジュエートスクールで初めてメンタリングを学んだときに私のメンターである吉川宗男先生からさらに進化した形で人の成長プロセスについて知ることができました。この成長プロセスに沿って相手に適切に関わっていくことがこの本でお伝えしたい、人を育てるための「育成の極意」の重要なひとつになります。

図にある「創造的プロセス」の意味は、これまでにお話しした、人が新しいものと出会い、経験（習得）し、最終的には自分なりの考え方ややり方を生み出す段階に至るプロセスを表しています。

私たちは通常、時間の経過は左から右に流れていくようにイメージしていますが、ここでは

《共進化メンタリング成長プロセス》

←

Ahaha!	Aha!	Ah↘	Ah↗	創造的プロセス
M4	M3	M2	M1	成長プロセス
高（習得）	（高ー中）	（中ー低）	低	技能 {知識 スキル
高（自信有）	変動（マチマチ）（自信欠）	低	高	意欲 {やる気 自信

©Muneo Yoshikawa

後の章で出てくる別の図との兼ね合いで時間の経過を右から左に向かって表現しています。時間はM1のほうからM4のほうに向かって流れていくと考えてください。

「Ah↗」は、わあー！　という新しいものと出会った感動の段階、

「Ah↘」は、あ〜、というため息が出るような失望やショックの段階、

そして「Aha!」は、あ、そうか！　という気づきや発見の段階、

「Ahaha!」は、理解し、習得したうえで自身のオリジナリティも発揮できるような最終の段階を表しています。

つぎに「成長プロセス」の説明をします。M1、M2、M3、M4となっていますが、このMはメンタリングの頭文字のMで、メンタリングプロセス1、メンタリングプロセス2といったように、

成長段階を表しています。

そして、成長のプロセスについて「技能」、と「意欲」というふたつの側面を分けて考えます。技能とは知識やスキルを意味し、意欲はやる気や自信を意味します。

それでは、各段階について少し詳しくみていきましょう。

M1の段階はまさに「初め」の段階です。会社なら新入社員の時期、学校なら新入生の時期です。そして、結婚生活なら前に私が例に挙げた新婚時代がそうでしょう。この時期は新しい未知の世界への期待や根拠のない(!?)自信もあってたいてい意欲は高いですね。でも、未経験、もしくは未熟だから知識やスキルのレベルは低い状態です。

次にM2の段階。ここは、例えば5月病と呼ばれる時期のように、少し慣れてきて新鮮味がなくなったり、期待通りではないかも……という現実が見えてきたりしてモチベーションが下がる時期です。何か語学などの習い事やスポーツなどでも、初めは入門編で簡単なことから始まっても、次第に単語が多くなったり、文法が難しくなったり、予習や復習や練習の量が求められるようになって複雑になってくるとやめてしまいたいなあと気分が落ち込んだり悩んだりしますよね。この時期は、このように意欲は低いのですが、実はその原因はM1のときより、知っていること、やろうとしていることが増えたからこそ壁に当たっているとも言えます。進歩しているからこそ落ち込んでいるわけです。でも、この時期に耐えられなくてやめてしまうことが多いですよね。習いことなど小さなことなら三日坊主。新入社員が1年目や2年目で辞めるケースが多いのも、この辛い時期を乗り越えるサポートチャンスに恵まれなかったことが原因のことが多いのではないでしょうか。

そして、その次のＭ３の段階。「あ、こうすればよいのか」と気づきがあったり、辛い時期を何とか乗り越えて、上手くいくときも徐々に増えてきたりする段階です。Ｍ２のときに比べると、知識もスキルも上がっています。でも、まだまだ、たまたまうまくいくときもあれば、失敗するときもあるような不安定な状態です。フィギュアスケートをイメージしてもらえるとわかりやすいかもしれません。浅田真央選手をイメージしてみてください。新しいジャンプの技を習得するとき、初めはこけてばかりでも徐々に着地に成功することが増えますよね。成功すると笑顔ですが、失敗したときは選手の顔はくもり、自信なさそうです。まさにこの時期です。

そして最終段階のＭ４です。これまでのプロセスで、ある一定のジャンルに関しては十分な技能（知識やスキル）を身につけ、自信も十分についてきた状態です。そうしてまた新たなチャレンジへと進んでいく段階です。

いかかでしょうか。あなたも、自分がこれまで経験してきたさまざまな出来事を振り返ってみると、結構当てはまるなと思うことがあるのではないでしょうか。私たちはこのように、たくさんのこの成長プロセスを繰り返してきて今の自分になっているのです。

21. 人の成長プロセスの各段階のニーズ（必要としていること）

では、各段階にいる人はどのような特徴を持ち、どんな関わりを必要としているのでしょうか。ここでは仕事の場面を中心に少し詳しくみていきましょう。

まずM1の段階を見ていきましょう。新しい状況になったり、出会ったり、新しいことを始めたばかりのこの段階は新しいものへの期待でわくわくしているかもしれません。意欲はあるけれど、不安もある……　意欲は高いけれど、技能（知識やスキル）が低い状態のこの段階では、以下のようなニーズがあるでしょう。

●はっきりしたゴール（目標）、何のためにするのか（目的）を教えてほしい
●仕事のやり方（方法）を丁寧に説明してほしい
●やり方のコツを教えてほしい
●実際にやって、見本を見せてほしい
●やらせてほしい。そして、このやり方でいいかフィードバックしてほしい
●ルールや基準が知りたい
●こんなときどうしたらいいのか、具体的な場面ごとに知りたい
●まず、何を先にしたらいいのか（優先順位）を知りたい

●いつまでに終わらせばいいのか（タイムライン）を知りたい

次にM2の段階を考えてみましょう。期待外れだったり、想像していたよりかなり難しかったりで、理想と現実の間の壁を感じて落ち込み、視野も狭くなっているかもしれません。でも実はM1のときよりも知っていること、やってみたことが多いからこそ、進んだからこそ壁にぶつかったとも言えます。こんなときはどのようなニーズがあるでしょうか。

●はっきりした目的、目標、方向性をもう一度教えてほしい
●話し合う相手や、相談に乗ってくれる相手がほしい
●察してほしい、気にかけてほしい、話しかけてほしい
●そのまま（条件付きでなく）認めて、受け入れてほしい（気になっていること、困っていることなどの）話をじっくり聴いてほしい
●もう一度分かりやすく説明してほしい
●やらせてくれて、細かくフィードバックしてほしい
●そして進歩があったことには前向きな励まし、誉めことばがほしい
●と失敗しても、寄り添ってサポートしてほしい

さらにステージが進んだM3はどうでしょうか。M3の時期は悩んだり苦しかったりする時

期を乗り越え、できることやうまくいくことが増えてくる時期です。でもまだまだ不安定で、失敗することもあるので、できたときはうれしいし、できなかったときは落ち込むといったように、自信にまだ欠けるといった状態だといえます。以下のようなニーズがあるでしょう。

- ●話しやすく近づきやすい、信頼できる相談相手がほしい
- ●自分で挑戦してみたいが、ちょっと自信がない。そばでみていてほしい
- ●一歩踏み出してみたい、でもまだ（心の）サポートがいる
- ●見守ってほしい
- ●スランプに陥ったときは励ましてほしい
- ●成功体験でき、自信を戻せるチャンスがほしい
- ●自分ができていることを思い出させてくれ、認めてくれる人がほしい

私はいつも講座の中でこの段階の解説をするときの例に、子どもが二輪の自転車に乗れるようになったときのプロセスの話をします。初めは補助輪をつけていましたが、いよいよ外した頃のこと。こけそうになったときは、「ママ、持って！」と助けを求めますが、ちょっと走れるようになったら、「放して！」。そしてまたこけそうになったら、「持って！」。勝手なものでした。自分が助けてほしいときに間髪入れずに来て助けてほしい。そしてできるときには、手は出さないでほしい。そしてそばで見ていてほしい。少し単純な例ですが、まさにこのM３の段階を端的に表していると思います。

では、最終段階のM4になると何がニーズになるでしょうか。この段階は、さまざまなことを経験してそのジャンルに関して知識もスキルも十分についてきています。自信もついてきて、自分のモチベーションも整えることができていることも多いでしょう。この段階に来た人は自分が支援してほしいというより、自分の力を発揮したい思いが強くなっているでしょう。

●変化や新しいことにチャレンジしてみたい
●他者に対して支援したい
●出番がほしい
●人の役に立ちたい、なにか貢献できるチャンスがほしい
●任せてほしい、やらせてほしい

そして、また新たなことや出来事との出会いが始まり、また、新たなM1からM4までの成長の旅が始まることになるのです。

22. 4つの「手」を使い分けよう

成長プロセスには4つの段階（ステージ）があることをお話ししました。そしてどのステージにいるかによってメンティのしてほしいこと、つまりニーズも違うということを見てきましたね。以前にもご紹介しましたが、私が初めてメンタリングを学んだ国際メンターシップグラ

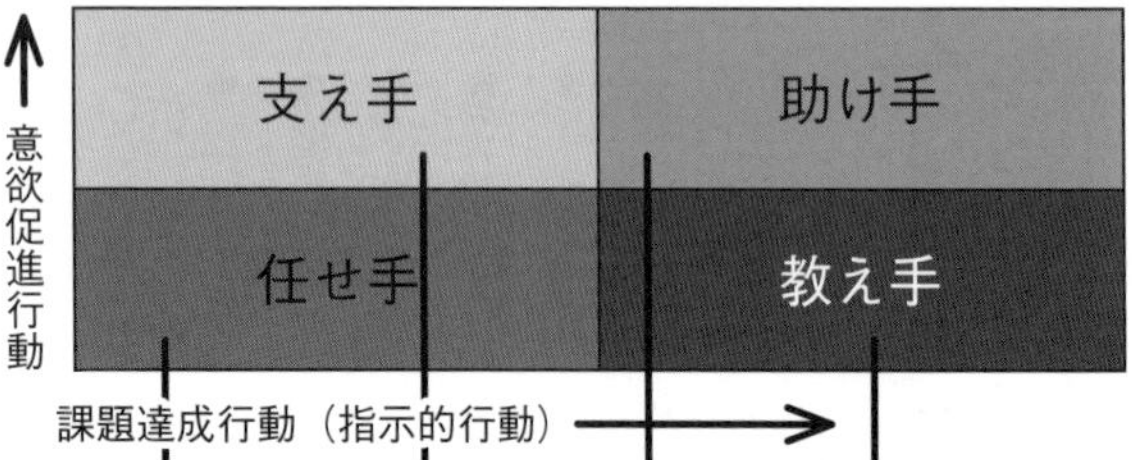

任せて！	支えて！	助けて！	教えて！	ニーズ
M4	M3	M2	M1	メンタリグプロセスと開発レベル
高	（中―高）	（低―中）	低	技能 知識 スキル
高	変動 （自信欠）	低	高	意欲 （やる気） 自信

©Muneo Yoshikawa

ジュエートスクールで、私のメンターである吉川宗男先生から教えていただいた**「4つの手」**をご紹介します。この4つの手は、成長プロセスとともに、私のメンタリング講座でも最も重要な知識のひとつとしてお伝えしています。図を参考にしながらイメージしてくださいね。

M1は新しいことに出会った新鮮な気持ちで意欲は高いけれど、知識やスキルはまだ不足している時期でしたね。そのときはまさに「教えて！」と思っている時期です。ですからあなたは**「教え手」**を打ってください。鉄は熱いうちに打て、という言葉がありますが、意欲的で学びたい気持ちがあるときにできるだけ知識や情報、そして技術を丁寧に伝えてあげてください。情報の

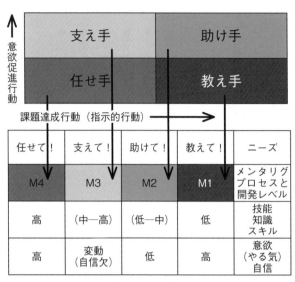

中には、その環境でのルールやうまくなじんでいくためのコツなども含みます。そして何より忘れてはいけないのが「何のためにするのか」という目的や「どうなりたいのか」というゴールをきちんと確認しておくことです。

次にM2です。ここは一番多くのエネルギーを相手にかけてあげる時期です。この時期は期待と違うことへの失望や、思ったよりうまくいかないことに悩んだり傷ついたりして、モチベーションが下がっている時期です。まさに「助けて！」という状況です。しっかり**「助け手」**を打ってあげてください。図にもありますがメンターがメンティに働きかける支援行動には2つの軸があります。一つはモチベーションを上げるための**意欲促進行動**。そして、成果を上げるための**課題達成行動**です。**助け手**とはこのどちらも十分に行う打つ手のことをいいます。意欲促進行動とは、寄り添ったり励ましたりするような心の側面にフォーカスした関わり。そして課題達成行動とは、指示的な行動で、文字通り課題を達成し、成果を出すための関わりです。まさに知識や技術を教えたりトレーニングしたりといった行動です。

M2の時期は精神面での落ち込みが多いので意欲促進行動もたくさん必要です。と同時に、思ったようにできなくて落ち込んでいますから、相手に必要な程度を見ながらできないことをできるようにしてあげるための課題達成行動も十分にしてあげることが必要です。ですので、図ではどちらの軸も関与が大きくなっています。だからこそエネルギーはかかりますが、ここでの関わりが相手との大きな信頼関係のもとになる重要な時期なのです。

次にM3の段階を見ていきましょう。ここの段階では、やり方はわかり、できることはかなり増えてきたけれど、まだまだうまくいかないこともあり、自信に欠けている状況でしたね。ただ、自信はないけれど、全部指示されるのはプライドも傷つくといった意外とデリケートな状態です。できるところは自分でやりたい。そして任せてほしい。ここの段階にいる人のニーズは「支えて！」なのです。まさに補助輪を取ったばかりの自転車に乗っている子どものような状態。できるときは手を放してほしい。でも、転げそうになったときはすかさず支えてほしい。だからうまくいくかどうか側でちゃんと見ていてほしい。そんなメンティに必要な**「支え手」**とは相手ができていることとできないことをしっかり見極める目と共感や励ましなどの意欲促進行動、さらにこのときに必要なのは相手が自分の力でできることを相手以上に信じることでしょう。必要以上の指示的行動はさらに相手の意欲を下げてしまいます。

M4ステージまで来ると、知識やスキルはかなり身につき、それなりの経験も積まれ、ちょっとしたトラブルがあったとしても自分で対処することができるようになっているでしょう。この段階でのニーズは、自分の力を発揮したい、自分にやらせてほしいという、「任せて！」なので、**「任せ手」**を打ちましょう。習得したことを発揮でき活躍できる機会や役割を提供したり、少しレベルの高い他の仕事や役割を任せてみたりするのも良いでしょう。この段階に来ると、細かすぎる指示や制限は意欲を下げてしまいます。ただし、ここでは注意しなければならないことがあります。任せると言っても、その「任」の意味は放任ではなく委任であるということです。任せきってほったらかしにするのではなく、あくまでも委ねて任せるのです。委任の意味は、実行は相手に任せるけれど、責任は自分にあるということ。メンティに対して最終的な責任はメンターである自分にあることを伝えたうえで任せることがあなたへの強い信頼を作ります。ここは本当に大事なところです。

23. 知っておきたい15の支援の基本的アプローチ

４つの手を打つためには具体的にはどんな支援行動をすればよいのでしょうか。具体的に支援の基本的アプローチを見ていきましょう。

《支援のための15の基本的アプローチ》

①**そばにいる：**相手の近くに身体的、精神的に存在したり、支えや共感を示すこと。

②**励ます：**相手を勇気づけたり、前向きになるようにポジティブなエネルギーを与えて応援すること。

③**ほめる：**相手の良い点や努力を認め、賞賛の言葉をかけること。

④**感謝する、感動する：**相手の行為や存在に対してありがたいと思ったり、心が動かされ

たりすること。それを言葉にして伝えること。

⑤**聞く（聴く）**：他人の話を注意深く聞くことです。相手の意見や感情を理解しようとする姿勢で耳を傾けること。

⑥**語る**：相手が共感や安心できたり、参考にできるように自分の体験や思い出などを話すこと。

⑦**促す**：相手に何かをするように促すこと。励ましや刺激的な言葉をかけて、相手の意欲や行動を引き出すこと。

⑧**相談に乗る（一緒に考える）**：相手の悩みや問題に対して、共感し、一緒に解決策を考える支援をすること。

⑨**述べる**：自分の考えや意見を言葉で伝えること。自分の立場や感情も表現する。

⑩**助言する、提案する**：相手の判断をサポートするために、自分の経験や知識から意見を提供し、問題解決に役立つアドバイスや提案をすること。

⑪**教える、指導する**：自分が知っていることやスキルを相手に伝え、相手が成長するために学ぶ手助けをすること。

⑫**提供する**：相手が必要としている、自分が持っている物や情報を提供し、相手のニーズを満たす手助けをすること。

⑬**導く**：相手が目的や目標に向かう方法や方向性を示したり、教えたりすること。

⑭**出番をつくる**：相手が能力や才能を発揮して活躍できる機会や場面をつくったり、与えたりすること。
⑮**委任する**：自分が持っている権限や責任などを、信頼を持って相手に任せること。

以上のような15のアプローチは状況や相手のニーズに応じて適切な行動を選ぶことが大切です。あらためてメンティの成長段階と4つの手の関係性を見ていきましょう。

前の項目でみたように、4つの手は状況や相手のニーズに合わせて打つのでしたね。知識やスキルは低いけれども意欲が高いM1の時期には**教え手**でした。教え手は課題達成のための支援行動が意欲を促進する行動より多く求められる段階です。意欲が高いうちに必要な知識やスキルを身につけるためのアプローチを積極的に行います。

M2は壁に当たり精神的にも落ち込んでいるのですが、できないから落ち込んでもいるので、意欲もスキルも上げてあげるようにしっかりと関わる**助け手**が重要な時期です。この時期の関わりが深い信頼関係のもとになります。

M3は知識やスキルはある程度習得しているけれどもまだ安定していないこともあり、しっかりとした自信を持てていない時期。この時期は課題達成のための指示的な行動よりも、意欲促進のための支援的な関わりをする**支え手**が求められます。

そしてM4。知識やスキルも、そして意欲も十分に高まっているこの段階では信頼して任せてほしいというニーズを尊重する**任せ手**を打つことを忘れないでください。

実際のコミュニケーションや支援行動の中では、これらの行動が組み合わさることもあります。例えば、相手を励ましたりして意欲を高めつつ、一緒に課題を考え、具体的なアドバイスを提供するなど、複数の行動を同時に行うこともあります。４つの手を打つために相手のニーズに合った適切なタイミングや方法でこれらの行動を選ぶことで相手は大きく成長します。

24. 人は満たされたい存在⁉

これまで、相手の成長を支援するには人の成長プロセスの各段階のニーズに合わせて対応することが大切だということをお話していきました。なぜならニーズ、つまり、こうしてほしい、こうでありたいという欲求に応えることで相手が安心し、満たされることでやる気が起き、意欲が湧くからです。やる気や意欲を持つことは目標を達成していくためのエネルギーや力を与えてくれ、目標に向かって頑張ることで成果を上げることができます。

また、やる気や意欲は努力する気持ちにもつながり、新しいスキルや知識が身につき、その結果、自分でも成長を実感できます。自分の能力が高まることでより多くのことに挑戦できるようになり、成功や失敗を通して自分の能力や強みがわかり、達成感を感じることで自分を信じることができるようになります。そしてその経験を通して自分の行動に深い意味や目的を感じることができます。

意欲があるから成果が出る。成果が出るからさらに意欲が湧く。この好循環こそが成長であり、それを支えるのがメンターの役割と言ってもよいでしょう。

人の成長にとって、とても重要で影響があるのが、やる気や意欲。そしてそれには相手が持つニーズが満たされているかどうかが大きく関わっています。このニーズ（欲求）についてほかの視点からも捉えて理解を深めていきましょう。

▼マズローの欲求階層説

欲求に関する理論としてよく知られているものに**マズローの欲求階層説**というのがあります。マズローの欲求階層説は、心理学者アブラハム・マズローによって提唱された、人間の欲求やニーズが階層的に組織されているとする心理学の理論です。マズローによると、人の欲求は5段階のピラミッド構造で構成され、第1段階の欲求が満たされると次の欲求が満たしたくなるといわれています。

①**生理的欲求**（Physiological Needs）：これは生存に必要な基本的で本能的な欲求で、食事、水分、睡眠、性欲などが含まれます。これらの欲求が満たされないと、他の欲求にはほとんど注意が向かないとされています。

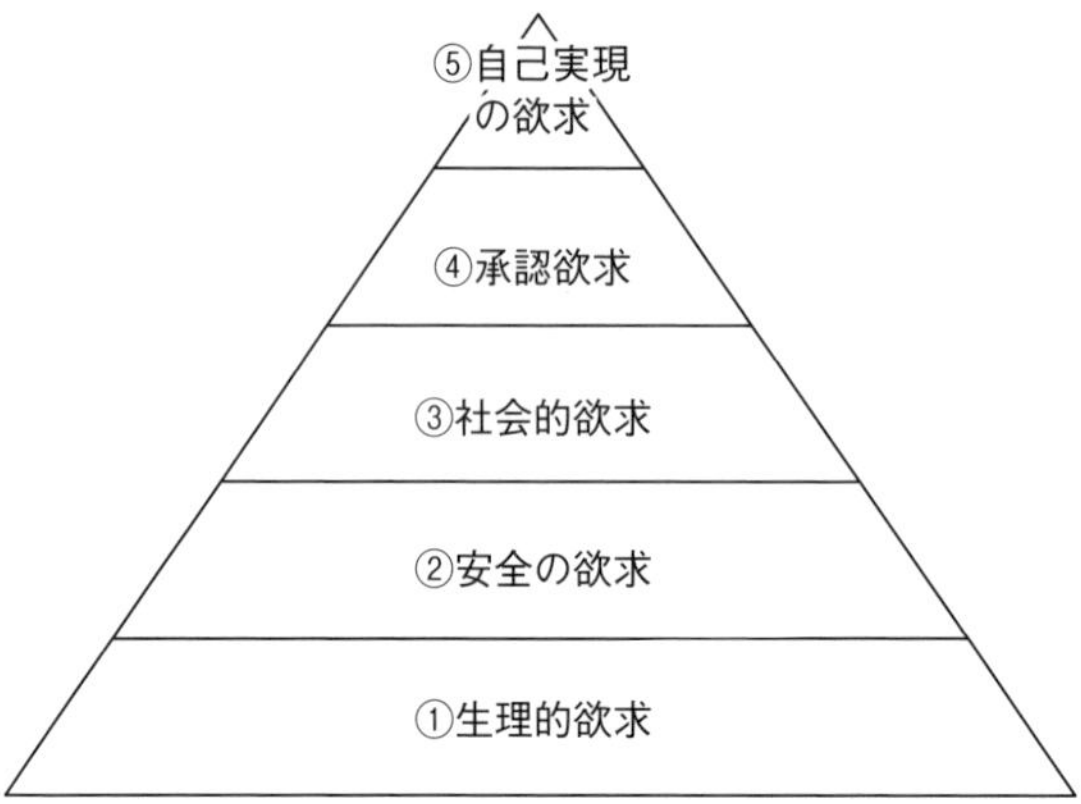

《マズローの欲求階層説》

②**安全欲求**（Safety Needs）：個人が安心・安全で保護されていると感じることが求められる欲求です。身体的な安全だけでなく心の安全や、雇用、健康、資産などが守られることも含まれます。

③**社会的・愛と所属欲求**（Love and Belongingness Needs）：人間関係や社会への帰属や愛情を求める欲求です。友情、家族、愛情、所属団体などがこの欲求に関連します。

④**承認・尊重欲求**（Esteem Needs）：自己評価や他者からの評価に関連する欲求です。自尊心の向上、成功への欲求、承認と尊敬を得ることが含まれます。

⑤**自己実現欲求**（Self-Actualization Needs）：自分の人生観や世界観に基づいて個人の潜在能力を最大限に発揮し、成長や創造的な活動を追求する欲求です。こうありたいという自分自身の理想や目標を達成することが重要とされています。

そして、この第5段階だけはこれまでの欲求とは質的に異なっているとされています。なぜならそれまでの4つの段階が「～てほしい」という欠乏を満たしてほしい欲求であるのに比べ、自己実現欲求は「～たい」と外に向けて自分の力を発揮したいというものだからです。まさに人生や仕事への意欲そのものですね！

現在は必ずしも下から上への順番どおりではないといわれています。また、進化した形で**生存欲求**、**関係欲求**、**成長欲求**の3つの欲求を持つという別の説（アルダファーによるERG理論）もあります。いずれにしても、**人は誰しも成長したい、よりよくなりたいという欲求を持っている**のは同じですね。そして快適で安心な環境、そして豊かな人間関係に支えられてこそ、こうなりたい！　という自己実現への意欲は高まるといえるでしょう。

さて、あなたは自分が育てたいと思っている相手の、これらの欲求を満たしてあげているでしょうか。快適で心も安心できるような環境、愛をもった関わり、相手への尊重や敬意。これらが相手に伝わり相手が満たされていることが相手の成長意欲に大きく影響します。ぜひ日頃の関わりを振り返ってみて、できるところから意識してみてくださいね。

25. やる気スイッチは人によって違う

ニーズを満たすことが、人の成長を支援するうえでとても大切なことがわかりました。このニーズについてもうひとつお伝えしておきたい、**選択理論**という重要な理論があります。選択理論とは、**人は外側の刺激によって反応するのではなく、内側から動機づけられて行動を選択する**という心理学の理論で、アメリカの精神科医ウィリアム・グラッサー博士が提唱したものです。上質で幸せな人間関係を援助することを目標とした理論だといわれています。メンタリングを学ぶうえで不可欠だとして、国際メンターシップグラジュエートスクールのプログラムに採用されていたことで、グラッサー博士の著書（『Choice Theory』）の訳者である柿谷正期先生から直接学ぶことができました。選択理論は、4つの基本概念で構成されていますが、ここでは**5つの基本的欲求**にフォーカスしたいと思います。

選択理論によると、人は、以下の5つの基本的な欲求（ニーズ）を満たそうとして行動を選択していると言われています。そしてそれが満たされると幸福感や充実感を覚えて、さらに意欲が湧きます。

▼5つの基本的欲求

●**生存の欲求**：生きるために必要な食物や水、空気、住まいなど。安全であること。
●**愛と所属の欲求**：愛（受け、与える）、他者との関わり、友情、家族関係など
●**力価値の欲求**：自分の能力や価値を認められたり、影響力を持ったりすること
●**自由の欲求**：自分で選択できることや独立、自己決定権など
●**楽しみの欲求**：学びや楽しいことや好奇心など

先に紹介したマズローの欲求階層説とよく似ていて混乱しそうですが、マズローの欲求階層説は下から上にいくようなピラミッド型だったのに対して、この5つの基本的欲求の場合は、私の理解ではどちらかと言うと円形とか五角形のイメージです。真ん中にニーズがすべて満たされた理想の状態（選択理論では、このことを「上質世界」といいます）があり、それを満たそうとする5つの基本的欲求が囲んでいるような感じです。

この基本的欲求には次のような特徴があると言われています。

▼基本的欲求の特徴

①誰にでも存在する
②人によって強弱が違う

③どうしても満たされないといけない
④満たし方は人それぞれ

つまり、誰もがどの欲求も同時に持っているけれども、それぞれの強さは人によって違うということです。

確かにキャリア相談の現場でも、相談者によって、何よりも労働時間や給与が気になる人（生存の欲求）もいれば、とにかく人間関係が良さそうな面倒見の良い会社を望む人がいます（愛と所属の欲求）。あるいは多少労働条件が厳しくても、人から感謝されるような仕事を希望する人や頑張った分だけ反映される能力給を好む人（力、価値の欲求）、できるだけ自由が利きそうな職場を好む人（自由の欲求）、そして楽しく、活気がある雰囲気の良いところが良いと言う人（楽しみの欲求）もいます。もちろんすべてが揃っているのが理想ですが、優先順位があるように思います。最も強く持っている欲求が優先されていると、人はモチベーションが上がるようです。

逆に、それが満たされない場合、本能的にどうしても満たしたくなるので、報酬に不満があったり、自分が正しく評価されていないと不満を持ったり、また居場所がないときに、人は転職したくなるのでしょう。

こんなこともありました。ネイルサロンを経営している友香さんから聞いた話です。友香さんは、プロ意識を強く持つがゆえに、顧客意識が非常に高く、お客様に失礼があってはならないと、スタッフに厳しく指導していたそうです。なれなれしい雰囲気にならないために、スタッフ同士の必要のない私語や、プライベートな話題はしないように指示をしていたそうです。もともと情が深くスタッフ思いだった友香さんは、給与や休日など、他のことではできるだけのことはしてあげていたようです。ですが、自分でも「軍隊みたいなお店です」と苦笑いしながら話すほど、堅苦しい雰囲気だったようです。

メンタリング講座で、スタッフの行動特性や基本的欲求について学んだ友香さんは、スタッフにもそんな話をよくするようになり、「みんなのことをよく理解できていなくてごめんね。なれなれしいと親しいは違うよね」という言葉をかけたようです。すると、人との関係性を大切にしたいタイプで、愛と所属の欲求が強いとわかったスタッフのひとりが、理解してもらえ、緊張がほどけたためか、泣き出したとのこと。そして、その後、とてもモチベーションが上がり、仕事への取り組みに大きな変化が起こったようです。人は、自分を理解してもらえたときに、本当に心が動くのだと、私もこのエピソードを聞いて、改めてニーズを満たすことの重要性を実感しました。

あなたは5つの基本的欲求のうち、どの欲求が強いですか？　そしてあなたが育てている人はどの欲求が強そうですか？　モチベーションの素は、人によって違います。ぜひ押さえてくださいね。

《第3章のまとめ》

●成長とは、新たなもの（異文化）との出会いと習得（融合）のプロセスともいえる。成長段階M1からM4のそれぞれの特徴と、各ステージで相手が必要としていること（ニーズ）をしっかり捉えよう。

●「4つの手」を使い分けよう。大切なのは、目の前の相手をしっかり観ること。教えてほしいのか、寄り添ってほしいのか、やらせてみてほしいのか、任せてほしいのか。意欲促進と課題達成のどちらを重視すべきときなのか、相手に合わせ、最適を考えながら関わってみよう。メンターとして一番エネルギーを使うのがM2のとき。しかしここでの関わりが相手との信頼関係を築く最も重要な時期となる。

●人は満たされたい存在。人間にとって必要な普遍的な欲求（ニーズ）と、個人特有のニーズの強弱を意識して、相手が満たされたいことは何かを捉えよう。人は潜在的に必要としていることを理解してもらえたときに心が動き、やる気も起こる。そして主体的に行動する。

第4章

自己認識が対人関係対応スキルの大前提

26. コミュニケーションとは「自分を知る」こと

とてもよく使うコミュニケーションという言葉。でも、あらためてコミュニケーションとは何かと聞かれたら、あなたはすぐに答えられますか？　コミュニケーションの定義はいろいろあると思いますが、一般的には、**コミュニケーションとは情報伝達や意思疎通、あるいはこれらを示す行動のこと**だと言われています。人と人が言葉や身振りなどで互いに意思や感情、思考を伝え合うこと、ともいえるでしょう。

コミュニケーションが苦手だと感じたり、むずかしいものと感じている人が多いのではないでしょうか。人間関係とコミュニケーションは密接に結びついています。人と人がお互いに自分の思いや気持ちや考えなどを率直に自分らしく表現できているなら、健全なコミュニケーションといえるでしょう。あなたとあなたが育てたいと思っている人はお互いに自分の思いや考えを伝え合うことができていますか？

人が自分らしく表現できるためには、自分が何かを言ったとき、相手から否定されたり、ジャッジされずに、受け止めてもらえるという安心や安全を感じること（**心理的安全**）が必要です。そうでなければ、本当に言いたいことが言えずに、我慢したり、自分の本心と違うことを言ってしまったりするかもしれません。心を開いて自分の思いを相手に率直に言い合う（**自己**

開示）ためには、お互いに相手の意図や感情を理解し尊重する姿勢が求められます。そうして相手を認めて受容（**他者受容**）することで相手の言っていることに共感することができます。

ところで人はどんなときに他者を受容できるのでしょう。実は他者を受容するためには、まずは自分自身があるがままの自分をしっかり受け入れている状態（**自己受容**）にあることが大前提なのです。ところが、私たちは実はこの自己受容ができていないことが多いかもしれません。

なぜなら私たちは知らないうちに社会や周りの人の価値観に影響を受けたり、期待を感じてそれに応えていない自分を無意識のうちに責めたり、自分を変えようとしてしまっていることがあるからです。

また、私たちはついつい他者との比較をしてしまいがちです。成功や幸福が他者との競争や、世間で一般的に言われている価値観で測られることが多いので、他者と比べて自分のことを不十分な存在だと感じてしまうことがあります。

そして過去の失敗や傷ついたトラウマが自分自身を受け入れることを難しくしてしまうこともあるかもしれません。過去の出来事に対する否定的な感情や評価が、自分を受容することをじゃましてしまうことがあります。特にそれを誰かのせいにするより、自分を責めてしまいがちな人は必要以上に自分に対して厳しい批判をしてしまうかもしれません。

さらに、未来に対しての不確実さや不安な気持ちが自分を受容することを妨げてしまうかも

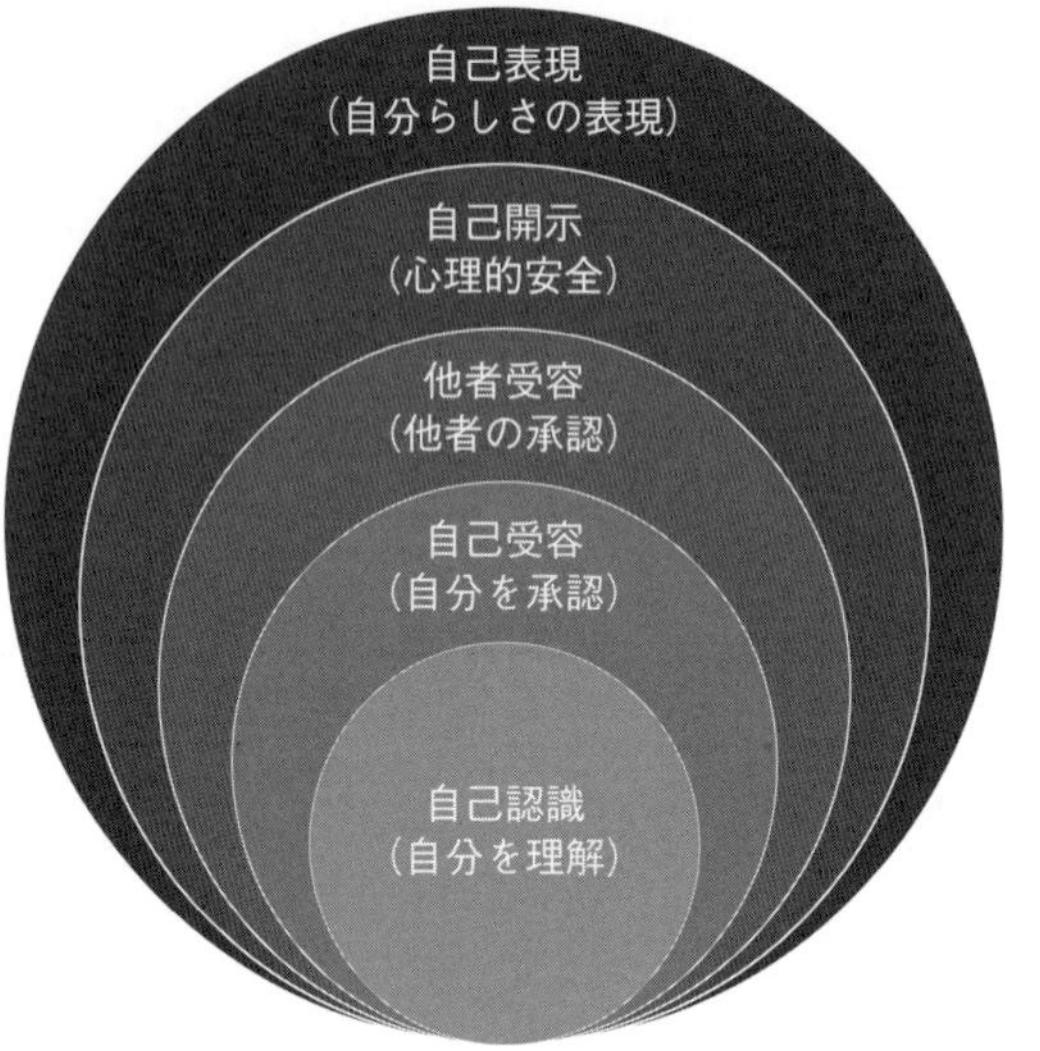

しれません。将来への漠然とした不安があるときは自分への信頼も揺らぎがちです。

以上のような、社会的規範や価値観、比較や競争、過去の経験、ネガティブな自己評価や自己批判、さらには将来への不安というさまざまな要因が絡み合って、自分をあるがままに認める、つまり自己受容することが難しくなっているようです。私自身を振り返ってもまさにそうでした。今でも、意識していないとついつい非受容モードに入ってしまうことがあります。そんな時に「自己理解」したことを再確認します。自分が大切にしていることや自分の能力、また自分が乗り越えたことや情熱を持っていること。人から喜ばれたこと。そしてどんな未来にしていきたいかということ。これらは自分を信頼できる理由になります。

そしてこのときとても大切なのは、ありのままであるということ。**ありのままであるということは、自分で変えられることと自分では変えられないことをしっかりと区別して、変えられないこと（現実）も受け入れるということ**です。現実も認識し、現実の制約性の中でも発揮できる自分の能力や考えや思いがしっかりと認識できているときに、**誰とも比べたり競ったりしない、自分を大切にできる状態**になります。そんな自分であるからこそ、相手にも大切なことや自分を発揮したいことがあり、そして相手にも変えられない背景があるということを理解できるのだと思います。また、自分のことを信頼できていたら、自分についてネガティブと思われることも安心して受けとめることができます。**自分を信頼するために自己理解が大切**なのです。**健全なコミュニケーションは自分を知ることから始まります**。

27. 自己理解と自己認識

さて、自己理解と自己認識という、似たような言葉が出てきて少し混乱してきたかもしれませんね。少し整理してみたいと思います。あなたはこの二つの違いを意識したことがありましたか？　実はこの二つの言葉の概念についてはいろいろな説明がされているようです。この本は人を育てて豊かな未来にしていきたいという経営者やリーダーの方に、メンタリングという概念とその活かし方をお伝えしたいと思って書いています。ここではその文脈の中でこの二つの言葉を説明していきますね。

「自己理解」とは文字通り、自分をよく知り理解することです。感情や考え、強みや弱み、信念や価値観など、自分に関するいろいろなことを理解することは、成長や発展にとても大切です。例えば、自分の感情についてよく理解することで、自分の感情を安定させる方法を見つけることができます。また、自分の強みや弱み、スキルや能力の程度を理解していると、適切な目標設定や、自分をよりよく向上させる方向性を見つける手助けになります。

また自分の価値観や信念がどんなものかを理解することは、それが自分の行動や判断にどのように影響を与えるかを把握できることにつながるので、自分にとって重要なことや意味ある目標を見つけることができます。また、過去の経験からどのように学んだかをふり返ることも、その後の行動をより良くするための重要な自己理解です。他者との関係においても、自分がどう影響を受けるかを理解することが役立ちます。自分を知ることでより良い選択ができるようになり、満足度の高い生活、人生を送ることが可能になります。

ですので、自分が望む充実した未来を創っていくためには自己理解が必要なのです。転職や再就職を目的としたキャリアコンサルティングの際にも、今度こそ自分に最適な職場を探したいと思っている人にとってはこの自己理解が何よりも大切なので、クライアントに「一に自己理解、二に自己理解、三、四がなくても五に自己理解」と少し笑いを交えながらも、真剣にお伝えしています。

一方、「自己認識」とは英語でSelf-Awareness（＝自分自身への気づき）と書くのですが、まさに、自分の存在や行動、感情に対して、「自分はこう感じている」「自分はこうしている」と意識することです。また自分が他者や環境とどのように相互に作用しているかを気づくことだと言えるでしょう。他者とのコミュニケーションの際に自分の表情や態度をふと意識したり、ある場面や状況での自分の反応を自覚することは自己認識のひとつだといえるでしょう。そしてそれらの情報をもとに自己を調整したり他者との関係について理解を深めたりします。この「気づく」という行為が重要で、自分の内面や外部の状況を理解するために大切なステップとなります。自分が何に注意を向け、それに対してどのように反応するかを自覚することで、より意識的に行動できるようになります。育てたい相手との関係性を良い状態にするためには、自分が相手に対してどんな行動をとっているのかを認識しておくことはとても重要なことです。

そして、「自己理解」と「自己認識」はお互いに影響し合っています。一方が他方を豊かにし、発展させるプロセスが働きます。自分をよく知ること（自己理解）が、今何をしているかとか、どう感じているかに気づくこと（自己認識）につながります。自分がどんな人間で、何に大切さを感じているかを知ることで、日常の行動や感情をより理解しやすくなります。逆に、今の自分の状態に気づくことが、自分の考えや気持ちに対する理解を深めるのに役立ちます。この相互作用がうまく続くことで、より良い人間関係を築き、目標を達成する手助けになります。

つまり、**自分を理解し、また今の自分に注意を払う（認識する）ことは、自分が主体的であり、他者との良好な関係性を築きながら、より充実した人生を築く上で不可欠なスキル**なのです。

確かに、仕事や人間関係でトラブルが起きたり、困難な状況になるときは、目的を見失ったり、自分の振る舞いがよくなかったりするときですよね。

それでは、自己理解と自己認識についてもう少し詳しく見ていきましょう。

28. 苦手なタイプはどんな人？

あなたには苦手なタイプがいますか？　ちょっと思い浮かべてみてください。

威圧的で偉そうにする人、生意気な態度をとる人、騒々しい人……。または、おとなしすぎる人や自分の意見をハッキリ言わない人……。明るいけど無神経な人、調子のいい人、飽きっぽい人…。細かすぎる人、ルールにうるさい人、すぐ自分を正当化しようとする人……。他にもいろいろな人が思い浮かんだことでしょう。避けて済むものなら避けたいですが、あなたが育てようと思っている人、もしくは育てなければならない人がもし苦手なタイプだったなら、苦手でなくなるに越したことはありませんね。ちょっと「苦手」の正体を考えてみましょう。

人が他者に苦手なタイプを感じる理由はさまざまです。価値観や信念の違い、また過去の経験からくるトラウマなどによるものもありますが、ここでは比較的わかりやすい、コミュニケーションスタイルやパーソナリティについてみていきましょう。

▼コミュニケーションスタイルの違い

人は異なるコミュニケーションスタイルを持っており、相手とのスタイルが合わない場合、誤解やストレスが生まれやすくなります。例えば、以下のようなものがあります。

①直接的か間接的か

直接的なコミュニケーションは、はっきりと意見を述べ、自分の感情や考えを直接伝えるスタイルです。意見の相違や問題があれば直接解決しようとする傾向があります。

一方、間接的なコミュニケーションは、遠まわしに伝えたり、相手に対して遠慮や丁寧さを重視するスタイルです。直接的な表現を避け、状況によっては暗示を含めることがあります。日本の文化ではどちらかというとこの間接的なコミュニケーションスタイルを好む人が多いかもしれませんね。

②言葉遣いのフォーマルさ

フォーマルなコミュニケーションは、礼儀正しく、公式な表現を好むスタイルです。敬語や丁寧な言葉遣いを大切にします。

一方、カジュアルなコミュニケーションは、よりくだけた言葉やフレーズを使い、堅苦しさを避けるスタイルです。相手との距離感を縮めることを重視する傾向にあります。

③言語重視か非言語重視か

言語中心のコミュニケーションは、言葉に重点を置き、直接的な表現や議論を好むスタイル。非言語的なコミュニケーションよりも、言葉を通じてはっきりと情報を伝えることに重きを置きます。

一方で、非言語的なコミュニケーションは、言葉だけでなく、ジェスチャーや表情、視線などの非言語的な要素を重視するスタイルです。相手の感情や意図を非言語的に理解しようとします。

④対話のペース

速い対話スタイルは、会話が速く、情報を素早くやりとりするスタイルです。効率的にコミュニケーションを進めることを求めます。

一方、ゆっくりとした対話スタイルは、じっくりと時間をかけて話す傾向があり、情報を注意深く処理することを重視します。

いかがですか？　それぞれの項目のコミュニケーションスタイルの違いは、まさに反対のスタイルですね。あなたの場合はどちらだったでしょう？　苦手なタイプと思っている人の傾向をよく観察してみると、自分が好むスタイル、またはそれが「普通」と思っていたコミュニケーションの取り方と反対かもしれません。反対だから理解できずに苦手だったのかもしれませんね。私たちは自分と反対のスタイルの人を苦手と思うようです。

このようなタイプ別の考え方は心理学者のカール・ユングの「**４つのディメンション（個人の行動、態度、または特性を理解するための基本的な側面や要素）**」がもとになっていると言われていますが、分析するためのたくさんのツールが出ていますので、ぜひ何かで調べてみてはいかがでしょう。コミュニケーションスタイルの診断ツールでまずはあなたのタイプが何か、そして相手のタイプが何かを知っておくことは、互いの違いを理解することで対立の背景がわかり、人間関係を良好に築くうえでとても役に立つと思います。

▼パーソナリティの違い

パーソナリティとは、個々の人が持つ独自の特徴や行動の傾向、感情のパターンなど、その人の個性的な性格や振る舞いのスタイルのことをいいます。これは、生まれつきの遺伝的な要素や環境、経験によって形成されていますが、一方で状況や年齢によっても変化することがあります。個々のパーソナリティの違いが、人との相性に影響を与えることがあります。例えば、外向的な人と内向的な人、合理的な人と感情的な人など、異なる特性を持つ人同士が協力する際には違いの理解や調整が必要です。

自分では意外と自分のパーソナリティやコミュニケーションを含む行動スタイルについて気づかないものです。私の場合はパーソナリティやコミュニケーションを含む行動傾向を、DISC理論をベースにした**パーソログ®行動プロファイル**というツールで分析して、研修やセミナー、コンサルティングで活用しています。パーソログ®行動プロファイルでは自己認識と他者からの認識のギャップを知ることで最適な調整を行うことができます。

29. あなたは見えない眼鏡をかけている!?

この本の中でも何度か「観察」という言葉を使ってきました。

対人対応において相手の言葉や態度、表情を注意深く観察することは本当に大切です。特に育てようと思っている相手の場合、相手のニーズや感情を理解し、適切なコミュニケーションを心掛けることが大事です。言葉だけでなく、相手の仕草や態度も大切に観察したいものです。相手のニーズをとらえ、相手の感情や考えを尊重し、コミュニケーションの中で理解し合うためにも相手のことをしっかりみたいですね。

ところが、相手のことをよく見ているつもりが、実は見えていないということもよくあります。なぜなら私たちは**「見えない眼鏡」**をかけているからです。見えない眼鏡とは、人が自分の経験や価値観に基づいて物事を見る、あるいは評価してしまうことを例えている言葉です。

言い換えると、個人が独自のレンズを通して目の前の現実をとらえ、それに基づいて判断することと言ってよいでしょう。

よく似た言葉で「色眼鏡」がありますね。色眼鏡でものを観てはいけないというのはよく聞く言葉です。こちらのほうは、どちらかというと、背景に人種や民族、宗教や政治の信条、ジェンダー問題など、社会的・文化的な枠組みがあることが多く、ある意味わかりやすいかもしれません。それに対して見えない眼鏡は、見えないというだけあって、個人の経験、信念、感情など、多様ですぐにはわかりにくいので、気づきにくいかもしれません。

見えない眼鏡に気づいていないと困ったことが起こります。まず、コミュニケーションが歪む可能性があります。自分の経験や思い込みによって相手の言葉や行動を勘違いしたり、誤解が生まれやすくなります。

例えばこんなことがあります。ある管理職の方のエピソードですが、自分が新人のときは、背中を見て覚えろという時代だったけれども、自分がその当時とても辛く、そのときの上司に不満があったので、ゆっくり丁寧に教えることに尽力したということでした。けれども、部下からは思ったより感謝されなかったとのこと。なぜなら、当時とは違い、今は研修や資料が社内で充実しており、またインターネットで欲しい情報がすぐに手に入ります。何より変化のスピードが速いので、その管理職の方が新人のときの経験が今の新人を取り巻く環境に合っていなかったということなのです。丁寧な指導がほしかった自分のサポートは、自分が育てている相手にとっては不要な時間だったかもしれなかったのです。相手はもっとスピード感を持って仕事を教えてほしかった人のようでした。自分の思い込みが優先して、相手が何を欲しているのかをしっかり見抜くことができていなかったのです。

また、他者を公平に評価することも難しくなります。自分の期待や好みが影響して、客観的な判断ができなくなります。例えば、髪を明るく染めている人は不真面目かもしれないという思い込みからついついそのスタッフには大切なお客様を任せられなかった、というケースもあります。でも、実は接客は丁寧でお客様の評価は高かったことがわかり、早く任せておいたらよかったと後悔したというのです。期待されずに仕事を任されないとモチベーションが下がりますね。これが続くと、人間関係が悪化し、信頼関係が崩れる可能性があります。

自分の常識は、相手にとっては非常識かもしれない……

今の環境や条件では自分の言っていること、やっていることはひょっとしたら効果的ではないかもしれない……

そんなふうに、自分の思考や行動を振り返り、見えない眼鏡をつくっているかもしれない潜在的な信念や前提について立ち止まって考えることが観察力をクリアにすることに役立ちます。また、他者の意見を求めたり、フィードバックを真摯に受け入れたりして、新しい経験や環境に対してオープンになることも大切です。異なる視点や意見に触れ、柔軟な思考を育てることが見えない眼鏡に気づくことにつながり、育てたい相手と自分自身の可能性をどんどん広げてくれるでしょう。

30. 自己認識のマトリクス① 気づきは最強の自己成長の機会

さあ、自己認識をさらにパワフルにしていきましょう。あなたがコミュニケーションについて学んだことがあればすでに聞いたことがあるかもしれませんが、「ジョハリの窓」という心理学モデルを参考にメンターに必要な自己認識について考えていきたいと思います。

ジョハリの窓は、自己分析をしながら他者との関係を知ってコミュニケーションを模索する心理学モデルです。他者と自分の関係から自己分析、自己への気づきを促し、人間関係やコミュニケーションの円滑な進め方を模索するためにつくられたものです。

ジョハリの窓はもともと1955年にアメリカで開催された「グループ成長のためのラボラトリートレーニング」の席上で「対人関係における気づきのグラフモデル」として発表されたものです。発表者のサンフランシスコ州立大学の心理学者ジョセフ・ルフトとハリー・インガムのふたりのファーストネームを取って、また、概念を表現した図が窓のように見えたことから**『ジョハリの窓』**と呼ばれるようになりました。

ジョハリの窓はアメリカで注目をされ、日本でも普及しました。特に企業のコミュニケーションの促進や能力開発、キャリアコンサルティングの領域で自己分析のひとつとして活用されています。私も企業研修や講座、キャリア相談の場などでとてもよく使っています。

ジョハリの窓では、個人が他者と自分自身との関係をどのように捉え、相互にどれだけの情報を開示して共有しているかを示すことができます。それではそれぞれの領域の説明をしていきますね。

▼開放の窓

お互いが知っている情報や特性です。良好な関係が築かれると、この領域は広がります。お互いが開かれたコミュニケーションを通じて、互いを理解し合うことができます。

▼秘密の窓

自分が知っているけれども他者には知られていない情報や特性です。この領域を開示することで、より深い信頼関係が築かれることがあります。

▼盲点の窓

他者が気づいているけれども、自分が気づいていない情報や特性です。他者の視点を通してフィードバックを受けることで、新しい発見や理解が得られるかもしれません。自己認識を深

《ジョハリの窓》

	自分は知っている	自分は気づいていない
他人は知っている	「開放の窓」 自分も、相手も よく知っている領域	「盲点の窓」 相手はよく知っているが、 自分にはわからない領域
他人は気づいていない	「秘密の窓」 自分は知っているが、 相手には隠している領域	「未知の窓」 自分も相手も知らない領域

める重要な機会となります。

▼未知の窓

未知の領域は、まだお互いが知らない情報や特性です。これは新たに発見される可能性がある領域であり、成長の機会になります。まさに成長の伸びしろと言えるでしょう。人間関係や経験を通じて拡大していくことが期待されます

ジョハリの窓からは、自分が他者に自己をどれだけ開放しているのかという度合いがわかります。まずは自分から相手に自己開示することで相手も自分に心を開いてくれるでしょう。思いや、考え、時には相手の状態に合わせて、あえて自分の失敗した経験なども語ることで相手はあなたの新たな一面をみて、それがきっかけとなり心を開くことにつなが

るかもしれません。育てたい相手への自己開示、あなたはできていますか？
また、ジョハリの窓からは、「他人は自分をどう捉えているのか」という「気づき」を通して自己理解を深めることができます。他者からのフィードバックを素直に受け取ることで自分の短所に気づけ、今まで知らなかった自分の能力を知ることができます。

他者に自己開示する。また、他者からのフィードバックを素直に受け取る。まさにこれらが、自分を成長につなげる手立てを模索する糸口となります。

メンタリングの場では相手が自己開示しやすく、自分のフィードバックが相手に受け取ってもらいやすい関係性や場をつくることが相手の成長を促すうえでとても重要なのです。開放の窓の大きさは信頼関係の大きさを表わしているといえるかもしれません。

31. 自己認識のマトリクス② 「認識者」になろう！

自己認識とは自身の状態に気づいており、自分の感情や思考を客観的にとらえられている状態のことでした。自己認識ができていれば、仕事やプライベートにおいて人間関係がうまくいき、満足度が上がることが期待されます。また、人生の充実度や幸福度の向上も見込めます。

そして、自己認識には、自分を知る上での**「内面的自己認識」**と**「外面的自己認識」**の2つの側面があります。

内面的自己認識（Internal Self-awareness）は、個人が自分の内面、つまり感情、価値観、信念、強み、弱みなどに対する理解を表わします。自分がどう感じているかを気づくことや、得意なことや苦手なこと、また、他者への影響力について知ることなどが含まれます。これにより、自分の感情に対処したり、自分のスキルを伸ばす方向を見つけることができます。内面的自己認識があることは、個人の目標の設定や人生の方向性を理解するのに役立ちます。

外面的自己認識（External Self-awareness）は、他者から自分がどのように認知されているかを把握し、理解していることを表わします。外見的自己認識が高い人は、共感力があり、他者の視点に立つ能力が高く、自分の行動が他者にどのように映るかを考慮することができます。

自己認識ができている状態では、自分が他者からどのように認知されているかを理解しています。これにより、コミュニケーション能力が高まり、適切な判断ができるでしょう。組織内での役割も理解し、周囲の人と良好な関係を築くことができます。

一方、自己認識ができていない状態では、自分が他者からどのように見られているかが分からず、無意識に相手を傷つけてしまったり、感情のコントロールがうまくできず、他人への影響が意図せず出てしまうことが考えられます。

組織心理学者のターシャ・ユーリック博士が、人生の成功と失敗を左右する最も重要な要素は「自分を知る力」だとしてこの内面的、外面的ふたつの自己認識度によって人がどのような状態にいるかを４つのタイプで説明しています。私がメンターをめざす人にお伝えしているビジョナリー・メンタリング・マネジメント®の考え方を支えるものだと、とても納得しています。ウェブサイト DIAMOND ハーバード・ビジネス・レビュー（https://dhbr.diamond.jp/articles/-/5215?page=2）に掲載されているユーリック博士による４つのタイプを以下にご紹介しますね。今、あなたは自分がどのあたりにいると思いますか？　ちょっと考えてみてください。

認識者：自分が何者であるか、何を成し遂げたいかを知っており、他者の意見も求め重視する。リーダーはここに至ると、自己認識の真の恩恵を十分に理解し始める。

内省者：自分が何者であるか、よくわかっている。だが、他者からの意見を取り入れることで自分の見方を疑ってみる、あるいは盲点を探してみる、ということをしない。これにより、人間関係が損なわれたり、成功に限界が生じたりするおそれがある。

探索者：自分が何者であるか、何を支持するのか、部下からどう見られているのか、まだわかっていない。その結果、自分のパフォーマンスや人間関係に行き詰まりや苛立ちを感じるかも知れない。

八方美人：他者にこう見られたいと意識するあまり、自分にとって重要なことを見過ごすおそれがある。そのうちに、自分の成功や充実につながらない選択を下しがちになる。

さていかがでしたか？　育てたい相手から、あなたから学びたい、あなたと共に働きたいと言ってもらえる育成者（メンター）としてめざしたい姿はまさにこの「認識者」ではないでしょうか。自分が何者であるかがわかっていて、**自分が成し遂げたいこと（ミッション）**もわかっていて、そして**それが実現したときのイメージ（ビジョン）**をありありと描くことができている状態。相手からの意見も恐れることなく受け取ることができて、**相手とのシナジー**を楽しめるような状態。まさに人生において継続的な成功と幸せをめざす「７つの習慣」にもあったことですね。自分を知ることは幸福であること。あなたもこのような本当の自己理解、自己認識の境地に立ってみたいと思いませんか。

《自己認識の４つの型》

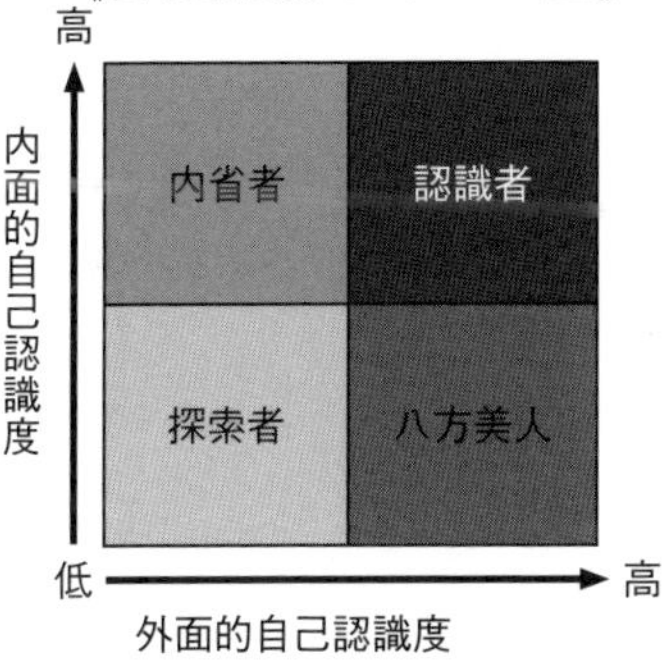

ターシャ・ユーリック博士
出所：©HBC.ORG の図をもとに李が作成

32. 信頼されるメンターは反応せずに対応する

自己認識がしっかりできているかどうかは、相手とのコミュニケーションに大きく影響します。あなたは育てたい相手に「反応」ではなく「対応」できていますか？　反応と対応は、言葉は似ていますが対人関係に与える影響には雲泥《うんでい》の差があります。相手から信頼されるメンターであるためにその違いをしっかり知っておきましょう。

反応とは、何かが起こったときに、思考せずに自動的に感情や態度が出ることです。これは思考せずに、一瞬で行動に移る特徴があります。

対応は、状況に対して冷静に考え、計画的かつ意識的に行動するプロセスです。情報をよく考えて、状況をしっかり理解したうえで、感情に振り回されずに将来を見越した行動を選ぶことが対応です。感情だけでなく、冷静になって将来のことも考えることで、より効果的でコントロールされたアプローチができるようになります。

具体的な例で考えてみましょう。

店舗でイベントを開催するプロジェクトがあったとします。イベントの準備が遅れています。

〈反応の例〉

○○店店長のAさんは、イベント準備の進捗《しんちょく》が思うように進まないことにイライラして急に怒りっぽくなります。感情的になり、スタッフに対して非難するような言葉を投げかけ、プレッシャーをかけます。

〈対応の例〉

△△店店長のBさんはイベントの遅れに直面しましたが、冷静になり状況を分析します。なぜ遅れているのか、どの部分で課題が発生しているのかを理解しようとします。その後、スタッフや関係者と協力して問題の解決策を検討し、スケジュールの再調整や条件の見直しを検討します。

どちらの店舗のスタッフが生き生きと仕事ができるかすぐに想像できますね。

反応は感情的で即座に起こり、周囲とのトラブルの起こしやすくなります。一方、対応は計画的で意識的な行動や態度で、事態を客観的にとらえています。良い対応は問題解決や建設的な結果につながります。

反応しやすい人と適切に対応できる人には次のような違いがあります。

▽反応しやすい人は感情が先行しやすく、怒りや焦りなどがすぐに表われることがあります。

一方で、対応できる人は感情をコントロールし、冷静な状態を保ちながら状況を分析します。

▽反応しやすい人は、状況や他者の立場を深く理解することが難しい場合があります。それに対して、対応できる人は洞察力があり、冷静な判断を下すために状況をよく理解します。

▽反応しやすい人は、短期的な感情や欲求に基づいて行動しやすいですが、その結果が将来的にどうなるか考えることが難しいことがあります。対応できる人は、長期的な視点を持ち、将来の影響を考慮して行動します。

▽反応しやすい人は感情的な反応が先行し、コミュニケーションが上手くいかないことがあります。対応できる人は適切な言葉でコミュニケーションをとり、他者との関係を築くスキルがあります。

▽反応しやすい人は感情に支配されがちで、問題解決に必要な冷静な分析が難しいです。対応できる人は感情に左右されず、冷静に問題解決に取り組む能力があります。

反応しやすいか対応できるかに自己認識力が大きな影響を与えます。自己認識力が高いと以下のようにいろいろな面で望ましい行動に繋がります。

▼感情の自覚

自己認識が高い人は、自分の感情に敏感であり、感情が高まっていることに気づくことができます。これにより、感情が行動に影響を与える前に、自分の感情を把握しやすくなります。

▼行動パターンの把握

自己認識が高いと、自分の典型的な行動パターンを理解しやすくなります。これにより、ストレスやプレッシャーがかかったときに反応しやすい傾向を把握し、それに対応する方法を考えることができます。

▼強みと弱みの理解

自己認識が高い人は、自分の強みや弱みを理解しています。弱みを理解していることで、それに対処するための戦略を考えやすくなり、感情的な反応を抑えるのに役立ちます。

▼目標と価値観の明確化

自己認識が高まると、自分の目標や価値観を明確にすることができます。これにより、状況に応じてどのように行動するかを判断する基準が明確になり、感情に左右されにくくなります。

自己認識力、自分のためにも相手のためにもぜひ高めていきたいですね。

33. 自己認識力を高めるためのヒント

対人対応において自己認識が重要な理由はいくつかあります。

まず、自己認識ができていると、自分の強みや弱み、コミュニケーションスタイルを理解しやすくなり、相手とのコミュニケーションを効果的に構築できます。

また、自分がどのように感じ、考えているかを理解することで、他者の立場や視点に敏感になり、共感力を高めます。共感力が高いと、相手の感情や意図を理解しやすくなり、対人関係の質が向上します。

さらに、自分自身を理解することで、対立の予防や解決がしやすくなり、リーダーシップも向上します。ストレス管理や効果的な協力、チームワークにもプラスに影響を与え、全体として円滑な対人対応が可能となります。

以上のように、自己認識が対人対応において大切な役割を果たしています。自己認識はメンターとして相手に関わるため、また　自分自身がよりよくあるために、もっとも重要なことなのです。ぜひ身につけたいですよね。

では、こんな大事な自己認識を高めるためにはどんなことをしたらよいのでしょう。いくつかご紹介しますね。

▼自己認識を高めるためのアクション

◎感情日記をつける

自分の感情を観察するために感情日記をつけてみませんか。感じたことや考えたことを日記やメモに書き留めると、どの状況でどんな感情が湧いてくるのか、自分の思考や感情のパターンを把握しやすくなります。何を感じ、なぜそれを感じるのかを知る手がかりになり、自分の内面につながり、自分の考えや欲求（ニーズ）を理解できます。自分が何を求めているかを明確にしやすくなります。日頃使っている手帳に感情を表す顔文字を書くだけでも、やってみると効果があります。

感情の観察は他者との関係にも深く関わります。自分の感情が理解できれば相手の感情にも共感しやすくなり、良好なコミュニケーションのベースができます。感情を理解し、共感することで、相手とより深い人間関係が築けます。

また、感情を観察し、自分がどのような感情に囲まれているかを把握し、それに対処する方法を見つけることで、ストレスを軽減できます。あなたのストレス軽減はまちがいなく相手のストレスを軽減することにもつながります。

最後に、感情の観察は自分の行動に対する理解を深めます。感情がどのように行動に影響するかを把握することで、より意識的で前向きな行動が可能になります。

◎他者からのフィードバックを受け入れる

友人や同僚、部下などさまざまな立場や関係性の人からのフィードバックを積極的に受け入れましょう。他者の視点から自分を見ることで、新たな気づきが生まれます。なかなか改まって聞きづらいときは、「今学んでいるセミナーでこんな課題が出たんだけど……」など、何かの機会を理由に協力してもらうのもアイデアです。

◎自己分析ノートをつくる

もうこの本では何度か提案してきましたが、自分のことについて自分に問いかけ、それを書き出してみることは自己認識を深めるためにはとても大切です。ぜひ、以下のようなことを書き出してみてください。

▽自分の強みは何か？
▽自分の弱みや課題は何か？
▽どんな価値観を持っているか（大切にしたいことは何か）？
▽仕事やプライベートでの達成感を感じる瞬間は？
▽好きなことや趣味は何か？
▽ストレスの原因は何か？
▽将来の目標や夢は何か？
▽過去の成功や失敗から学んだことは？
▽自分のコミュニケーションスタイルは？

◎専門家の助けを借りる

必要であれば、コーチやカウンセラーなどの協力を得ることも一つの方法です。専門家は客観的な視点を提供し、自己認識を効果的に高める手助けができます。

◎マインドフルネス瞑想をする

呼吸を整える瞑想などを通じて、積極的に身体の感触や感覚に注意を払う時間を取ります。たとえ短い時間でも、意識して時間をつくり実践してみると感情や心の状態に敏感になり、自分の変化にも気づくようになります。

これらのアクションを組み合わせることで、より深い自己認識が得られ、自分の強みを活かし、弱みに対処する能力が向上します。ぜひ、チャレンジしてみてくださいね。

《第4章のまとめ》

● 健全なコミュニケーションをするうえで、最も大切なことはまず自分をよく理解すること。自分を理解することで自分を信頼でき、自分を信頼できるからこそ相手のことも受容し、信頼することができる。

● 自分を理解し、今の自分に注意を払う（認識する）ことは、自分も相手も大事にしながら良好な関係性を築くための重要なスキル。自分がどのような信念や価値観を持っているかを知り、自身の行動を振り返ることで、異なる視点や意見にもオープンになれ、相手と自分の可能性を広げることができる。

● 自分が何者であるか、また自分が何を成し遂げたいか（ミッション）を分かっており、他者の意見を受け取り、尊重できる認識者になろう。そして成し遂げたいことが実現したときのイメージ（ビジョン）を育てている相手と共有し、シナジーを起こそう。

第5章

信頼関係構築の極意

34. あなたは信頼されていますか？

人を育てたいと思ったときに、必ず考えておきたいことがあります。相手との信頼関係を築くということです。3章でも見てきたように、私たち人間には満たされなければならないニーズがありました。人のやる気や意欲はそれが十分に満たされたときに湧き出てくるものでしたね。それらはあなたとの信頼関係があるかどうかとても関係があります。

信頼関係が人の成長にどのように影響するか少し考えてみましょう。

人は自分自身が安心できる場でこそ自分のことを自由に表現しながらものごとに取り組んでいけます。信頼関係ができている場でなら、失敗や誤りも受け入れてもらえると安心し、また、フィードバックやサポートも素直に受け取ることができ、改善につながります。

また、信頼している相手と経験を共にし、サポートやアドバイスを受けることは愛と所属の欲求を満たし、心が満たされて自分自身を肯定でき、さらに新しいことにもチャレンジしてみようという勇気にもつながるでしょう。

そして何より、信頼関係は心の健康と安定に大きな影響を与えます。信頼できる人との関わりはストレスや孤独感を軽減し、感情の安定につながり、困難な状況でも乗り越える力を持てるようになります。

確かに、自分が信頼できない人からのアドバイスは素直に受けとることはできませんよね。また信頼できない人と一緒にいても、緊張したり、分かり合えない孤独感を持ったり、理解してもらえないイライラした気持ちになるかもしれません。

私はよくこの状態のことを、セミナーなどでコップとラップを例えにして話しています。ちょっと想像してみてください。信頼されていないときは、相手の心のコップにラップがぴっちりと張られている状態。こちらが栄養たっぷりのおいしい飲み物を注ごうと思っていても、見事にはじき飛ばされてしまいます。逆に信頼されているときは、コップはそのままなので、提供したい飲み物をたっぷり注げる状態です。おすすめの飲み物をどんどんお代わりしてくれる、そんなイメージです。

あなたが育てたいと思っている相手は、あなたと関わっているとき、ラップを張っていませんか？

「あなたは私のこと、信頼していますか」

これはなかなか、本人には聞けない質問ですよね。以下のような兆候があるかどうかをちょっと考えてみてください。

▼相手から信頼されている可能性を示す兆候

①相手があなたに対して率直に話し、感情や意見を伝えてくれている
②相手が自分の重要なことを決めるときにあなたを頼りにして、情報やアドバイスを求める
③相手があなたと約束したことを守ろうとしてくれる
④相手からあなたに対しての感謝や尊敬を表わす言葉や行動がみられる
⑤相手があなたと共に過ごすことを楽しみ、積極的に交流してくれる
⑥相手があなたのことを肯定的に思っていることを第三者から聞くことがある
⑦相手が困難な状況にあるときにサポートを求めてくれる

いかがでしたか？

実は私自身も、自分がサポートしている受講者やクライアントとの関係性を振り返るときに、相手が以上のような行動をとってくれているかどうか考えてみています。確かにそんな行動をしてくれているなあと映像が浮かぶとき、ほっとしたりうれしくなります。けれども、①の、相手が自分に対して率直に話し、感情や意見を伝えてくれているかどうかについては、できているかなあと振り返ることがよくあります。ここが一番信頼関係のキモであるように感じています。なぜなら、率直に話してくれるということが、私の人間性を信頼して本当に心を開いて

くれているかどうか、私のメンターとしての姿勢の一番深い部分を問われているように感じるからです。どんなことも受け止めてもらえるという絶対的な安心感がなければ率直にはなれないからです。

人の成長に信頼関係が大きな影響を持つことがわかっていても、また、いくら育てたい、支援したいと思っていても、その相手から信頼されていないとどんな手を打っても意味がないということになります。

育てたいと思っている、大切な相手との信頼関係を築くために必要なことをこれから一緒に考えていきましょう。

35. 支援より大切なことは……

メンタリングの３つの行動基準という概念があります。前にもお話しした起業家育成の第一人者であり、『メンタリング・マネジメント』の著者でもある福島正伸先生から学んだことの中で、最も印象に残っていることのひとつです。

福島先生によると、メンタリングとは「自らが**見本**となって行動し、相手を**信頼**して**支援**するというシンプルな概念」です。

さて、あなたはこの、見本：信頼：支援という行動が、合わせて10だとしたら、その割合は、○対○対○になると思いますか？　数字を考えてみてください。

研修や講座でも受講者の皆さんに、この質問を何度もしてきましたが、正答率は1割くらいでした。よくある回答は、見本3：信頼4：支援3とか、見本2：信頼4：支援4などでした。あるときは、見本1：信頼：3：支援6というのもありました。

福島先生によれば、望ましい割合は、なんと「見本が7，信頼が2．支援が1」でした。私自身初めて聞いたときはとても意外というか驚きました。初めて考えたとき、見本が1とはさすがに思いませんでしたが、信頼も大事、支援も大事と思うので、ほぼ同じくらいの割合を考えていました。

福島先生は、見本であることが何より大切だと言われました。確かに、人は自分が尊敬できたり、憧れたりする人からの話はどんどん聞きたいものですが、その反対に、尊敬できなかったり、嫌だなと思う人からのアドバイスなどは聞き入れたくないですよね。私も自分自身が子どものときも、「お母さんだって……」とか「先生だって……」と何度も思ったことがありますし、立場が変わって、子育て時代や学生たちを教えていたときに、子どもたちや学生たちから全く同じセリフを言われたことがあります。そう思われたら、どんなにこちらから相手を信頼しても、こんな人から信頼されてもありがたくない！　とか、尊敬してもない人からのサポートはちょっとありがた迷惑……、になるのは当然かもしれません。こちらがどれだけ支援したいと思っても、残念なことに相手が支援されたくないのです。

では、見本であるということは、どういうことでしょう。福島先生のメンタリング・マネジメントでは、**自立型人材であること**だといわれています。自立型人材とは自立型思考で行動できる人のこと。これは実はかなりハードルが高いです（図を参照）。ですが、メンターが人を育成するとき、うまくいかないときに相手（メンティ）のせいにせずに、その原因を自分にあるとして振り返る姿勢や、相手の態度や努力にばかり期待せずに、自分の関わり方を改善しようとする姿勢、そして常に相手を信じる気持ちを持っていたなら、きっと、こんな人になりたい、この人の思いに応えたいと思うのではないでしょうか。

「先生だって……」「先輩だって……」「〇長だって……」と相手が思うときは、メンターが言い訳ばかりしたり、環境（条件）や相手の能力や努力のせいにしているときだと、私自身の苦い経験からも思います。いつも自分の言動に責任を持ち、自分自身が成長しようとしている姿を見てこそ、こんな人になりたいと思ってくれるのではないかと思います。そうしてはじめて、自分が伝えたいことを受け入れてくれる準備が整うのではないでしょうか。なってほしい姿に自分がなること。たとえ今なれていなくても、なろうとしている姿勢を持っていること。これが見本の姿なのではないかなと思います。見本が７割。納得です。

《思考概念　**自立型　VS　依存型**》

自立型思考	依存型思考
自己原因 根本的な原因を自信に見出す	**他者責任** 原因は環境や他人にあると考える
自己依存 他に期待せず、自分に期待する	**他者依存** 状況・環境の変化や他人に期待する
自己管理 自らの可能性を最大限に発揮する	**他者管理** 決められたことをだけを忠実にこなす
自己評価 本物・一流をめざしてとことんやる	**他者評価** 他人から評価されることだけをする
他者支援 他人を信頼して支援する	**自己支援** つねに自分の利益を優先する

福島正伸著『メンタリング・マネジメント』をもとに李が作成

見本であろうとする姿勢が相手からの信頼の大前提になりますが、加えて自分からまず相手を受け入れることも、相手から自分が受け入れられることにつながります。受け入れるとは、相手のことをまずはプラスに受け止めてみるということ。例えば、相手がすぐに返事をしない場合に、すぐにイラっとするのではなく、何か本人なりの考えがあるのかなとか、今日は調子が悪いのかなど、**「相手の世界で考えてみる」**ことを意識してみてください。また、自分の教えたやり方と違うことをした場合にも、すぐに否定するのではなく、なぜそうしたのかを相手の世界で考えてみる。まずは自分からそうしてみることで、相手もあなたのことを、あなたが言うことを受け入れてみようと思う気持ちになってくれるでしょう。**「まずは私から」**。これも福島先生の言葉なのですが、人から信頼されるための魔法の言葉です。これを意識するだけで、確かに相手に受け入れてもらえました。**支援よりまず大切なのは、自分自身が相手にとってどんな存在なのかを意識し、行動すること。そしてまずは自分から相手を信頼すること。**本当にそうだなあと思います。

36.人は心で動く

人は最終的には心で動く存在だなと、仕事でもプライベートでもつくづく思います。あなたもそう思ったことはありませんか。

3章で、人がやる気になるしくみについてみてきましたが、知識とスキルを使って相手を動かそう、と思ったとたん、あなたの大切な相手は逆にあなたから距離をおこうとするかもしれません。知識やスキルとあわせて、そこに心があるかどうかがとても大切なのです。

この、感情を能力、知性とした**EQ（イーキュー）**という言葉が広く知れ渡るようになったのは1990年代以降といわれています。それ以前の研究では感情は個人的な問題ととらえられていたり、どちらかというと精神疾患などの否定的な側面が強調され、感情の管理や感情的な知性の役割についてはほとんど取り扱われていなかったようです。

1995年にダニエル・ゴールマン博士が「Emotional Intelligence: Why It Can Matter

More Than IQ」を出版したことで感情知性（ＥＱ）の概念が一般に広まり、この本に書かれていた**感情的な知識やスキルが個人の成功に大きな影響を与える**ということが多くの人々に影響を与えたといわれています。

その後、感情知性に関する研究が増加し、ＥＱの概念が整理されました。特に、ピーター・サロベイ（Peter Salovey）とジョン・メイヤー（John D. Mayer）両博士の研究によって、ＥＱのモデルとスキルが提案されました。

この両博士から直接学ばれ、日本にいち早くＥＱの概念を導入した高山直先生が国際メンターシップグラジュエートスクールで講師を担当されたことで、私はＥＱを詳しく知りました。その後もＥＱ研究は重視されて進歩し続け、ビジネス、リーダーシップ、教育、臨床心理学などのさまざまな分野に応用されています。ここでは私が今でもシンプルでわかりやすく、活用しやすいと思っている、初期のメイヤー・サロベイモデルで、メンターとして知っておきたい感情の能力を説明します。

この、メイヤー・サロベイモデルは次のように、ＥＱは４つの個別能力によって構成されているとしています。そしてそれらの複合的な働きによって発揮される総合的な能力だとするものです。

▼EQ４つの能力

- **●感情の識別**　自分自身の感情と相手の感情を識別する
- **●感情の利用**　問題・課題を解決するために感情を生み出す
- **●感情の理解**　感情がどうして起こるのか、どのように移行するのかを理解する
- **●感情の調整**　他の３つの能力を発揮し、望ましい決定をするために感情を活用する

今どんな感情なのか、わかっておくこと（感情の識別）は本当に大切です。相手のことも、自分のことも。相手が今、喜んでいるのか、悲しんでいるのか、イライラしているのかなど、相手の心の状態に鈍感なまま関わっていると、あなたは相手にとって苦手な人になります。苦手な人になってしまったら、いくら育てたいと思っていても、あなたは相手の成長をじゃまする存在になってしまいます。また、自分の感情に鈍感な人は不機嫌な状態で相手に関わってしまいがちで、そんな人も相手から避けられてしまうでしょう。信頼関係を築くどころか、関わろうとしても、関わらせてもらえなくなります。

感情の利用は、ひと言で言うと、想像力の活用です。モチベーションを整えるためにふさわしい状況や行動をイメージできるかどうか。たとえば相手が集中しやすい環境をつくるとか、相手の気持ちを感じとって、そのトーンに合わせることができるかということです。他にも相手がやる気になるような言葉がけをすることなどもあてはまるでしょう。

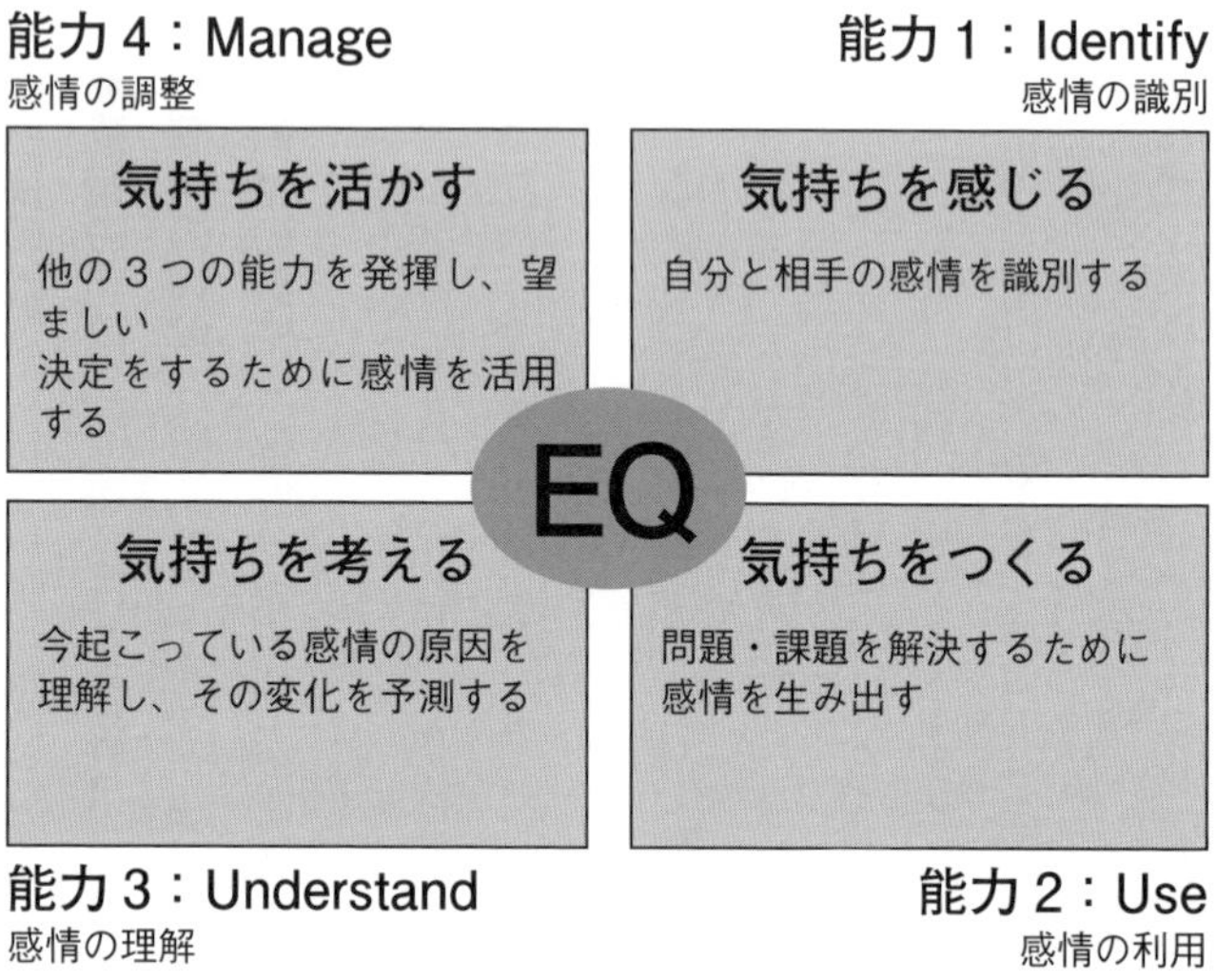

出典：髙山直著「EQトレーニング：日経文庫」

感情を理解するということは、たとえばどんなときに相手が落ち込むか理由がわかっていたり、元気になっていくプロセスのパターンなどを理解できているかどうかです。自分自身についても同じです。自分の感情の動きのクセがわかっていたら、その対策を用意しておけば、マイナスの感情にいつまでも悩まされることはありません。何より、自分の状況を理解してもらえることは、相手にとっては心を開くきっかけになります。

感情の調整は、良好な人間関係を続けるには言うまでもなく大切ですね。

では、どうしたらこの4つの能力を高めていけるのかを次に見ていきましょう。

37. 心のチカラ（EQ）を育てよう

育てたいと思っている相手にとってプラスに関わるためにも、メンターである自分の感情の能力は高めたいものです。

ではどうしたら高めることができるのか、今日からでも取り組みやすい心のチカラの育て方をお伝えしますね。

▼感情を表わす言葉をたくさん知る（感情の認識）

ポール・エクマンという心理学者の研究によると、人間の普遍的で基本的な感情は、**幸せ、悲しみ、怒り、驚き、恐れ、嫌悪**の６つだそうです。そして、その基本感情をそれぞれ広げて考えてみると、たくさんの表現があります。実はこの表現の数だけ、相手の感情に寄り添える力になります。

例えば、相手がなんとなく元気がないときに、それをただ悲しんでいると捉えるだけの人と、がっかりしているのか、みじめな気持ちになっているのか、孤独を感じているのかなど、より深く感じ取れるかどうかで相手に対する態度や言葉がけはきっと違ってくるでしょう。私たちは言葉で思考するので、言葉の数だけ相手の感情の背景をイメージすることができ、相手に対する関わり方もきっと変わってくるはずです。心はデジタルではなくグラデーション。その微妙なところに気づくことができれば、きっと相手から「この人はわかってくれる」と思ってもらえる寄り添い方ができるでしょう。

もちろん、自分自身についてもとても有効です。自分の気持ちがなんかざわざわするなと感じたときに、それは怒りなのか、嫌悪なのか、さらには腹立たしいのか、恨めしいのか、イライラしているのかなど、いったん言葉で考えてみることで課題や解決の糸口が見えてきます。怒りと嫌悪は少し似ていますが怒りは相手に攻撃的な反応をする傾向があり、嫌悪は相手から離れたいという傾向があるようです。そのときの感情をしっかり認識できていないと、とっさにとった行動が相手との関係性を悪くし後悔することになりかねません。

▼テレビ・映画や街の中で人の表情を観察する（感情の認識・感情の理解）

テレビドラマや映画を観るときに、ぜひ登場人物の表情に着目してみてください。そして、この表情はどんな感情を表わしているのかなとちょっと気をつけて観察してみると、表情と感情の連動がよくわかるようになるでしょう。察する力が身につきます。

また、一人の登場人物に絞って場面を追っていくと、感情の動きと背景にある出来事との関連性について理解が深まってきます。

レストランや電車のなかでもリアルなドラマがたくさん繰り広げられています。ただし、こ

《エクマンの６つの基本的感情と表現の例》

幸せ	悲しみ	怒り	驚き	恐れ	嫌悪
喜び	わびしい	投げやり	呆然	狼狽する	うんざり
うれしい	がっかり	すねる	放心	動揺する	退屈
平穏な	苦しい	カッとなる	驚き	後ろめたい	嫌気
幸福感	辛い	腹立たしい	仰天	心配	ぞっとする
充実感	みじめな	不機嫌	びっくりする	こわい	けむたい
楽しい	さびしい	怒っている	衝撃	落ち着かない	いらいらする
積極的な	むなしい	キレる	当惑	不安な	むかつく
幸せな	悲痛な	憎い	不信	こわごわ	憎悪
満足	孤独な	恨めしい	声が出ない	おびえる	復習
有頂天な	沈んだ	イライラした		びくびくする	気持ち悪い

の場合は、あまりジロジロ見ると不審がられるので要注意。声の表情に注目してみるのも良いかもしれません。

認識ができていてこそ、他の能力を発揮させることができます。まずは相手の心の状態を知るために相手の表情から感情を読み取ること、そして自分の感情の変化にも敏感になり、自分がいまどのような状態にあるのかを感情を表す言葉で表現してみること。その両方ができていると、相手はあなたに安心して接することができるでしょう。

感情の利用と調整の力をつけるためにもっともお勧めしたいのが「**あいさつ**」です。

よく言葉のゲームや標語などで、ある言葉の一つひとつを頭文字にして行動指針をつくっていることがありますよね。**【あ・い・さ・つ】**は、メンターにとって必要なEQのトレーニングにとても使えます。

それが、**【あ】かるく、【い】つも、【さ】きに、【つ】いでのひと言**です。

◎**あかるく**：自分の感情を認識して、いつものあかるさに調整していく

◎**いつも**：自分の気分によってやったりやらなかったりではなく、モチベーションを整え相手にとっていつもと同じように関わる

◎**さきに**：まずは自分から気持ちを向けて相手に声をかけ、関わる姿勢を示す

◎**ついでのひと言**：「おはよう」だけだったり、「いい天気ですね」などの適当な決まり文句を加えるだけではなく、声をかけた相手その人についてのひと言を添える。日頃から見守っているからこそわかる変化について添えることが大切。

いかかですか。特に最後の「ついでのひと言」は相手の心の様子もしっかり認識してくださいね。日常生活であいさつをするときに心がけると、最強のトレーニングになりますよ。

38. 心の距離の縮め方

人の数だけ感情はあります。自分と相手との関係性によって感情のギャップ、つまり心の距離が存在します。心の距離が近いほどお互いの気持ちを理解し、共感できる状態だといえるでしょう。心の距離が近いと相手とのコミュニケーションがオープンになり、率直に思いを伝え合えるようになります。育てたい相手との心の距離はぜひ縮めたいですよね。

ではどのようにしたら、相手との心の距離が縮まるのでしょうか。私がいつも大切にしており、メンタリング講座でもお伝えしているのが以下のようなことです。

▼人は自分に関心がある

人は本能的に自分に関心があります。相手は相手自身に関心があるので、相手の知りたいこと、相手自身が興味があることに関心を持ちます。ですので、しっかりと相手の話に耳を傾けて相手の関心事や価値を理解して相手の関心事や相手にとって価値のあること(ベネフィット)を意識して関わることが大切です。伝えたいこと、教えたいことも、それがなぜ相手にとって必要なのかを相手が理解できるように伝える工夫をすると、相手はあなたの話を受け入れやすくなり、相手との心の距離が縮まります。

▼人は自分の良いところを見つけて伸ばしてくれる人が好き

人は本来、より良くなりたいと願っているものです。どんな人にも成長意欲があります。理解されたいとも思っています。自分でも気づいていなかった自分の良いところを見つけて伝えてくれたり、それをさらに伸ばせるような状況をつくってくれる人を頼りにします。長所が見つかり伸びてくると、うれしいですし、さらに成長実感を持ちたいので、あなたの話に耳を傾けるようになります。

まずはあなたが相手以上に相手の可能性を信じて、プラスの眼鏡で相手をよく見ることが大切です。プラスに理解してもらえると感じてくれると心の距離は縮まります。

あなたはどれくらい人をほめる言葉を用意していますか？

講座やセミナー、研修などでほめ言葉を出し合うワークをすることがありますが、受講生の皆さんがだいたい1分で書けるほめ言葉の平均は7～8個程度のことが多いです。ほめ言葉のストックは意外に少ないのが現実のようですね。

すてき、素晴らしい、さすが……などのよくある定番のほめ言葉。また、かっこいい、きれい、おしゃれだね、明るいね、など、外見や表面的な言葉がまず浮かびますが、心の距離が縮まるためには、もうちょっと工夫したいところです。あなただからこそ見つけることができる相手ならではの良いところが言葉になるといいですね。

例えば、「やはり、これは○○さんに頼んだら間違いないね」とか、「いつも、気配りがすごいね」「○○さんのその笑顔にいつも救われているよ」など、普段から相手に関心を持っているからこそ伝えられるような具体的な表現で伝えることができると、相手からのあなたへの信頼がぐっと高まります。そのためにも、いつも相手の良いところに気づき、心の留めておくこと、そして、気づいたときにその言葉をメモしておくと、とっさのときにも言葉にすることができるようになります。

▼辛いときこそ心は敏感になる

成長プロセスのM２ステージのように、相手が悩んだり、落ち込んだり、自信のないときこそ、メンターとしてのあなたと相手の心の距離が最も縮まるときです。前述のエクマンの６つの基本的感情のうち、なんとポジティブ感情は「幸せ」のひとつだけで、驚きがニュートラル、そしてあとの４つはネガティブな感情です。人間はそれだけネガティブな感情のほうに敏感なのです。だからこそ、相手の感情にピントを合わせてしっかりと認識して寄り添い、適切な対応をすることでより共感性が高まり、あなたへの信頼の気持ちが強くなるでしょう。辛いときや苦しいときにかけてもらった言葉やしてもらったことは深く心に残り、あなたに対して心を開くようになり心の距離が縮むはずです。

このとき、特にあなたが同じように辛かったときの体験や乗り越えたときの経験を語ってあげることも大事です。語りは、自分の都合でなく相手のために語るとき、本当に相手の心が動きます。自分から自己開示をすることで相手もさらに心を許してくれるでしょう。

最後に最も大切なことをお伝えしますね。何度も同じことを繰り返しているかもしれませんが、**人は自ら輝きたい存在**だということです。**育てている相手が主役**であるという意識が、自然と相手に寄り添い理解する姿勢をつくり、あなたの言動もそれに合ったものになります。

相手がどのように感じているか、相手の背景や今置かれている状況がどんなものか、今どんなことを考えているのかを、積極的に関心を持ち、感じ取り、耳を傾け、良いところを見つけ、ポジティブな言葉や感謝を伝える。なによりもこの、相手を尊重する姿勢が相手との心の距離を縮め、信頼関係を築く土台になります。

39. 本当の信頼とは～信用と信頼

「信頼」という言葉とよく混同される言葉に「信用」があります。信用金庫という言葉はありますが、信頼金庫という言葉はありませんね。また、信頼関係という言葉はありますが信用関係という言葉はあまり聞きません。あなたはこの2つをどんな風に使い分けていますか？

信頼関係を築くためには、まずこの言葉の違いを理解しておくことが大切です。日本語教師をしていた初期の頃のことですが､私にはこんなエピソードがあります。当時（2005年頃）は日本に来る留学生の約8割は中国からの留学生でした。当時の留学生は年齢層も高く、時代的背景の違いもあって喫煙者も多くいました。授業中も喫煙が我慢できず、トイレに行くと言っては教室を出る学生が数人いました。トイレに行くというのは生理現象ですから、どうしても行きたいと言われれば許可するしかありませんでした。でもそんなとき私は必ず学生に「信用しているから早く戻ってきなさい」と送り出していました。

ちょうどその頃、国際メンターシップグラジュエートスクールのプログラムで高山直先生からEQを学び、この「信用と信頼の違い」について深く考える機会がありました。仲間たちと話し合う中で、次のようなことがわかってきました。信用は、リスクを想定して担保を取ったり条件をつけたりするビジネスの関係。審査する側からされる側への一方通行の関係。一方、信頼は無条件で相手を丸ごと信じ、今は実績がなくても可能性を信じる家族のような関係。確かに、「あなたを信頼していますよ」と言われるのと「あなたを信用していますよ」と言われるのでは、受け手になって考えてみると気持ちは大きく違います。そして信頼というのは、自分から相手を信じる覚悟があれば理由は要らないということにも気づきました。

その後、留学生たちとこの信用と信頼について話す機会がありました。「みんなに対して信用という言葉を使うときは、本当は疑っていたかもしれないね。これからは、先生はみんなと話すときは信用という言葉ではなく信頼という言葉を使うね」と伝えたときの、学生たちの何ともいえない満足感にあふれた表情が20年近く経った今でもありありと目に浮かんできます。

また後日、ある学生からは、「先生、信用は契約書とかのように言葉で説明して約束することが多いけど、信頼には言葉が要らないね」と言われ、とても感動したのを覚えています。まさに教えているつもりが相手から教えてもらうことのほうが多いと感じた瞬間でした。

アメリカの教育心理学者のロバート・ローゼンタールが提唱した**ピグマリオン効果**というの

があります。**他者から期待されると成績が向上する現象のこと**だそうです。提唱者であるローゼンタールが行った実験は次のようなものでした。

ある小学校で普通の知能テストを、「今後、成績が伸びる児童が分かる特別なテスト」だといって実施したのちに、テストの結果とは関係なく無作為に児童を選び、「今後、成績が伸びる子ども」としてその名前を担任に伝えます。

するとどうなったかというと、今後伸びると伝えられた児童の成績が実際に上がったのです。担任がその児童たちが伸びることを信じて期待をかけたことで、それが本人たちに通じたからだといわれています。

この実験には、他の研究者が同じことを行ったところ効果が見られなかった、など、一部に批判的な意見もあるそうですが、他者から期待されれば、人はそれに応えようと努力をするのが自然です。その結果、成績が上がっても不思議ではありませんね。同じように人は疑えば疑われるにふさわしい人になり、信頼されれば、信頼されるにふさわしい人になろうとするのではないでしょうか。

信用は疑いの延長で、信頼は可能性への期待。相手に対しどのような姿勢で向き合うのかがその違いに現れ、その姿勢こそが相手に伝わり、相手との関係性に反映されるのだと思います。

さらにその後も、企業研修やセミナーなどでこの信用と信頼をテーマに取り上げることが増え、参加者の皆さんが考えているさまざまな定義を教えてもらいました。特に印象深かったのが、「信用は過去にフォーカスするが、信頼は未来にフォーカスしている」という言葉です。また、経営者の方からは、「信用はもらうのに実績がいる。信頼は、するのに覚悟がいるわ」という話を聞きました。この言葉も信用と信頼の本質を表わしているなあと感慨深く、今でもよく思い出しています。

たとえ信頼して期待した結果にならなくても、それも自己責任だと相手を責めずに自分の責任だと思える気持ちこそが覚悟という言葉になるのでしょう。また、期待した結果にならなくても、それをまだ途中経過と捉え、相手を信じきる覚悟が、相手を、さらには自分を「信頼される人」に成長させていくのかもしれません。

そして間違いなく言えるのが、皆さんの表情が信用について話すときより信頼について語るときのほうが明るいということ。**人は本能的に誰かを信じたい、そして信頼されたい存在**なのだとこのテーマを取り上げるたびに私の中で確信が深まっています。

40. ４つの承認

信頼関係を築くためにとても大切な役割を持つのが「承認」です。３章でも人には満たされなければならない欲求（ニーズ）があり、「承認欲求」というものがあるとお話ししました。

ここで少し承認について深めていきたいと思います。

承認とは人の存在や価値、感情や考え、行動や成果などを認めて受け入れることです。承認についてはいろいろな定義や説明がされていますが、私が経験の中で実体感した4つの承認について紹介します。

①成果承認

何かができたり、成果を上げたりしたときに、「よくできた！」と認めるときの承認です。これはわかりやすいですね。わたしもこれはできていました。きっとあなたもこれは自然にできていると思います。

②行動承認

目標とした望む結果を得ることができなくても、チャレンジしたこと、行動したことを認めることです。「よく頑張ったね」「チャレンジしたこと自体が進歩だよ」など、こんな言葉をかけることとありますよね。

③意識承認

実際には行動できていなくても、やろうと思ってみたり、そのことについて調べたりと変化に向けて意識が向いたことを認めることです。普段から寄りそう姿勢を持っていてこそ相手の前向きな気持ちに気づくことができます。「やりたかったんだね」「やろうとしたただけでもすごいね」という言葉は相手の心に残るでしょう。

④存在承認

とくに目標達成などの成果やそこに向けての目に見える行動や意識がなくても、相手の人格や価値観を尊重することです。相手の存在そのものを尊重し、存在してくれることに感謝する気持ちが何よりも相手の心を開き、人は自分の考えや感情を素直に表現しやすくなり、相手の意見にも耳を傾けやすくなります。これにより、互いに理解し合うことができ、信頼関係を深めることができます。

プライベートな話になりますが、私には本当にこの4つの承認、とくに存在承認の大切さを痛感した経験があります。今から7年ほど前に夫が勤務中に脳幹出血で倒れました。脳出血のなかでも特に脳幹は呼吸など自律神経に関わる場所なので、ここが出血すると生存率は20～30パーセントと言われている場所です。かろうじて命が助かったとしても寝たきりになることが多いようです。さいわいなことに夫の場合は、一時は呼吸が止まったものの数日後には意識が戻って一命はとりとめました。しかしながらダメージは相当大きく、特に右側に影響があり、初めは手足が動かないのはもちろんのこと、眼も焦点が合わない、耳も聞こえづらい、といった状況でした。本人にしてみれば、目が覚めた後の現実に恐怖さえ感じたのではないでしょうか。それでも入院中はリハビリを頑張り、驚異的な回復を見せてくれました。職場復帰という目標があったからこそ頑張れたのだと思います。家族からも病院の方からも承認されて夫もやる気でいっぱいでした。

しかしながら、半年後の社会復帰当時は、まだ右側の麻痺が残り、目の焦点が合いにくく、字も書けず、歩行も不安定という状態でした。結果、管理職を離れ、業務内容も変わり、本人が思い描いていた復帰とはかけ離れたものになりました。「自尊心ズタボロや……」とつぶやいたときの姿が今でも目に浮かびます。

当時、私なりに夫を支援しているつもりでした。リハビリ施設などを調べたり、運動を促したりとさらなる回復を期待して励ましているつもりでした。けれども、娘たちと一緒に夫に情報を提供して行動することを促せば促すほど、夫の心は固くなり、突然不機嫌になったり怒り出したりすることも増えてきました。本人にしてみれば、まだまだ自分の状況を受け止め切れていないときに、目標を持って行動することをせかされて苦しい思いでいっぱいだったことでしょう。私は、成果を出さず、何も行動せず、何もしようとしていないように見えた夫に対して私たち家族のために回復してほしいと、夫に対して期待という依存をしていたのです。ついに家族の関係はぎくしゃくしてしまっていました。

そんなときに、この４つの承認のことを思い出し、深く反省したことを覚えています。まだ自分の状態に慣れることに精いっぱいだった夫のことを、認めていないどころか、どこかで責めていたのではないかと気づいたのです。生きていてくれ、困難な状況の中で毎日家族を守るために通勤してくれているのに、これ以上何ができたら自分は満足なのだろうと自分のことが恥ずかしくなり、夫に対して感謝の気持ちがあふれてきました。それからは自分本位の「支援」ではなく夫の考えを尊重することを心がけました。すると、徐々に夫も自分の気持ちを素直に表現してくれるようになり、家族の意見にも耳を傾けてくれるようになりました。そして今では積極的に歩くようになり、倒れる前にはしていなかった料理や洗濯など、家事にも積極的にチャレンジしてくれています。

存在承認は究極の承認だと実感しました。相手の存在や価値観を、敬意をもって尊重することで意欲やパフォーマンスも上がり、本当に相手の心は開き、お互いの信頼関係は深まるのです。どの承認も大切ですが、ぜひ、この存在承認を意識してみてくださいね。

41. メンターが意識したい６つの目

日本語教師を始めた頃、出会った一冊の本があります。『教師のパフォーマンス学入門（佐藤綾子著）』という本です。当時は「教師」と名の付く職業に就いたものの、日本語教師養成コースでは、日本語の知識や教授法については学んだけれど、教師としてのあり方や学生たちのモチベーションについて学ぶ機会はありませんでした。大学時代に教職科目を選択していなかった私は実際に学生たちと関わるようになって、自分の知識に不足感を感じて不安なことだらけでした。心理学にも興味を持ち始めたのもこの頃です。とにかく、学生たちに心を開いてもらえなければ、また、意欲を持ってもらわなければどんなに授業の準備をしても学習効果を上げることは難しいと感じ、まさに私自身がM2ステージにいた頃でした。それで、なんとかその状況を脱したい、自分に必要なことを知りたいと教育やモチベーションに関する本をいろいろと探していたころでした。

その本の中に**「教師が意識したい6つの目」**というのがありました。それは次のようなものでした。

①自分が自分を見る目
②自分が相手を見る目
③相手が自分を見ていると感じる自分の目
④相手が相手自身を見る目
⑤相手が自分を見る目
⑥自分が相手を見ていると感じる相手の目

はじめて読んだときはなんだかややこしくてわからない！　という印象でした。実は当時は、結局①と②くらいしかしっかり理解できていなかったのではないかと、今となっては思います。

すぐに理解して実践するところまではいきませんでした。ですが、なんとなくこの「6つの目」が深く自分の心の中に残っていました。そしてメンタリングについて深く学ぶようになり、人を育てる、または支援する立場であることを意識するようになるにつれて、この6つの目がメンターにとってとても大事だと思うようになりました。もちろん、教師はメンターそのものですから当然なのですが。

今は、自分自身の経験や他の知識の影響も受けて、6つの目について、自分なりにこんな風に考えるようになりました。

▼メンターがメンティーと関わるときに意識したい6つの目

①自分が自分を見る目

これは自分のことを客観視できているか、ということを確認することです。この自分を、もう一人の自分が見ている感覚だともいえるでしょう。自分はどんな態度で相手に接しているのかを意識しながら相手と接することが大切です。

②自分が相手を見る目

自分が相手をどのように思っているか、ということです。相手を信じているのか、相手を尊重しているのか。相手を問題のある困った存在と見たり、見下したりしていないか。

自分が相手をどのような存在と思っているかは、思った以上に相手に伝わっているものだなとしみじみ感じています。

③相手が自分を見ていると感じる自分の目

一方的に話したりせず、自分は相手に伝わるように話ができているか、相手の反応をしっかりと感じ取れているかということだと思います。

④相手が相手自身を見る目

自分が相手と対話しているとき、また対話していないときでも、相手が自分自身とどのように自己対話しているかを感じ取ることができているかということだと思います。今、相手は何を思っているのか、何か気づきがあったのか、どんな気持ちになっているのかなど、相手の心の変化を感じ取っているかどうかです。

⑤相手が自分を見る目

相手は自分のことをどのように感じながら関わってくれているのかを理解できているかということだと思います。自分の思いや話は伝わっているのか、自分は信頼されているのかを自分本位な希望的観測ではなく、冷静に感じ取れているかはとても大切です。

⑥自分が相手を見ていると感じる相手の目

相手が自分に対して安心できているか、自分は相手から信頼されているかどうかをしっかりと感じ取れているかどうかだと思います。

どんな目か、と考えるとややこしいのですが、要は、自分のことを客観的に見ることができているか、自分は相手を尊重しているのか、相手と呼吸を合わせながら話ができているか、相手の変化に気がつけているか、そして相手は自分に対して信頼してくれているのかを相手と話しているときに時折振り返るようにしてみると良いでしょう。

「目は口ほどにものをいう」、「目は心の窓」ということわざがありますが、メンターにとって目は命だとつくづく思います。すべては目に表われているのです。

《第5章のまとめ》

●支援よりまず大切なのは、自分自身が相手にとってどんな存在なのかを意識し、行動すること。見本であることが信頼関係にとって必要不可欠。見本となれているか？その振り返りが自分も成長させる。そしてまずは自分から相手を信頼すること。見本となるには、「まずは私から」を意識しよう。

●人は最終的には心で動く。感情は人間関係を良くするための知性であり、スキル。感情のしくみを知り、自分も相手も大切にすることで信頼関係は深まる。

●人は自ら輝きたい存在。育てている相手が主役であるという意識が、自然と相手に寄り添い理解する姿勢につながる。相手がどのように感じているか、相手の背景や今置かれている状況や考えに積極的に関心を持ち、ポジティブな言葉や感謝を伝えよう。

●人は自分を尊重してくれる人を尊敬する。何より相手を尊重する姿勢が相手との心の距離を縮め、信頼関係を築く土台になる。

第6章

メビウスマップ™でワクワクするビジョンを共有しよう

42. ありたい姿はすべてのはじまり

さあ、いよいよ最後の章になりました。ここまで読んでくださったあなたには、人を育てるために必要なことが見えてきたのではないでしょうか。

まずは、第1章では何のために人を育てたいのか、自分がどうなりたいのか、目的や理想像を考えてもらいました。そして第2章では、人を育てるとはどういうことかについて、メンタリングについての知識や育成に大切なことをお伝えしました。

さらに第3章では、人を成長させるための具体的な支援方法について、成長プロセスやモチベーションにフォーカスして具体的に考えました。

また、第4章では、育成スキルの前にまずは自分自身がどのような人間であるのかを認識しておくことが大切であること、5章では育てたい相手から、「あなたと共に働きたい、あなたから学びたい」と思ってもらえるための信頼関係の重要性と築きかたを伝えました。

どんなことがあなたの心に残ったでしょうか。本書ははじめにもご紹介しましたが、私が主催している、人を育てる人のための連続講座である『ビジョナリー・メンタリング・マネジメント® 講座』の内容をもとにしています。実はこの連続講座の最終回には、学びの集大成として、またメンタリングを実践していくためのアクションプランのひとつとして**メビウスマッ**

プ™というビジョンを描くツールの「下書き」を書いてもらっています。

この最終章では、あなたにもぜひこのメビウスマップ™をご紹介したいと思います。メビウスマップ™を描き、あなたが他人を育てることで得たい未来、「あなたのありたい姿」、望む状態を明確にして、自分自身の未来への**セルフ・コーチング・ツール（自分が自分を励ましてくれるガイド）**にしてください。

ありたい姿を具体的に描くことは、自己発見の旅でもあります。そのプロセスで、自分の価値観や情熱に気づき、本当に大切なものが何かを見つけることができます。ありたい姿を描くことで、これからの人生において重要な価値を見極め、それに基づいた生き方を模索することができます。

そして、ありたい姿は夢や目標を形にしていきながら、具体的な行動に結びつける原動力にもなります。逆境や困難な局面に直面したとき、ありたい姿を思い浮かべることでモチベーションを保ち、困難を乗り越える力を得ることができます。

ビジョンはそのありたい姿が実現したときの状態です。達成したいビジョンを持つことは、人間関係や仕事、自己成長のさまざまな領域でポジティブな影響をもたらします。周囲の人たちとのコミュニケーションや協力も、共通の目標に向かって努力することで深まり、共感が生まれます。

そして人を育てるプロセスでもビジョンを明確にしておくことは重要です。育てる相手にとってのありたい姿を具体的に描くことは、目標を達成するための明確な指針となります。個々の強みや成長のポイントを把握し、それをもとに具体的な目標を定め、共に歩むことで、より効果的な育成が可能となります。

ビジョンが育てる人と育てられる人を結びつけ、共に成長するプロセスにおいては、目標達成のプロセスがより深みを増します。共有されたビジョンを実現するために努力することで、個人やチームのモチベーションが向上し、目標達成に向けた行動がいっそう有意義なものとなります。

「ビジョンを共有することの大切さ」は、育てる相手が自らの成長を共有された未来像に結びつけるうえでも不可欠です。共有されたビジョンは、人を育て、組織を形成し、共に未来を築く力強い基盤となります。

ありたい姿を共有することで、育てる対象がそこでの自分自身の価値観や夢を見つけ、それに向かって成長していくサポートができます。目標を持つことが、自分との対話を通じて自己理解を深め、自主性や責任感を醸成するキッカケとなります。

「ありたい姿はすべての始まり」と考えることで、目標を持つことの素晴らしさやその効果を実感することができます。**目指すべき姿が育てる力**となります。あなたのめざす理想の未来に向けて一緒に歩む仲間（スタッフや部下）たちとの絆が深まり、共に成長する喜びを分かち合うことができます。ありたい姿は、育てる者と育てられる者を結びつけ、共により良い未来へ向かって歩む指針となるでしょう。ビジョンは、一緒に成長し、未来を築いていくための心強い味方となります。

43. メビウスってどんな意味？

あなたは「メビウスの輪」を知っていますか？　数学の授業などで見たことがあるでしょうか。帯状の紙を一度ひねってつなげたもので、表裏が入れ替わる特殊な幾何学の構造を持った輪のことです。メビウスの帯は表と裏が一体化していて、ペンで帯の表に線を引いているつもりでも、いつの間にか裏と思っていた側にも線が引かれているという特異な性質を持っています。そして表から裏へとどこまでも終わりなくその帯にかけるので無限の意味もあります。

メビウスの輪

実は私のメンターである吉川先生から学んだメンタリングはこのメビウスの輪に由来したメビウス論、メビウス思考が根底に流れています。育てる側（メンター）と育てられる側（メンティ）の関係性がメビウスの輪のように対称性があったり、表裏が一体のようで入れ替わるといったものであるという考え方です。普通の輪だと、表はずっと表のまま、裏はずっと裏のまま。つまり、指導する側はずっとする側、指導されるほうはずっとされる側といった固定された関係性であるのに対して、メビウス思考でとらえると、環境やタイミングによって役割が反対になるという柔軟な考え方になります。

実際にこちらが教えているつもりでも、逆に相手から新しい視点を提供してもらったり、助けているつもりでも気がついたら違う面では助けられていたということをあなたも経験したことがあるのではないでしょうか。

人の関係性において対称性とは、お互いが同等であり、相手を尊重し平等な立場で関わることを指します。対称的な関係ではお互いに共感しやすく、同じような経験や感情を共有しやすいです。これが深い絆を生み、良好な人間関係を築く手助けとなります。つまり対称性はお互いを尊重し合い、信頼し合い、共に成長できる関係を構築するための大切な要素となります。

また、表と裏のように異なる視点や立場から物事を捉えることは、社会的な問題に対する理解を深め、柔軟な問題解決のアプローチを可能にします。社会的な課題に対して、メビウスの帯のような柔軟性を持った思考は、従来の考え方を越えて、新しいアイディアや解決策を生み出すのに役立ちます。

メビウス思考について、さらに押さえておきたいことがあります。メビウスは表裏それぞれがひとつずつの2のようであり、全体としたら一体の1であるということです。相反することが同時に存在していることを教えてくれます。これはチームや組織と一人ひとりの個人の同時存在の考え方にもつながります。対称性があることでお互いが信頼や共感がしやすくなるのと同じように、この同時存在の考え方も、チームワークにつながり、共通の目的に向かって一つになって向かっていけることを支えます。

「メビウス思考は、互いに共に活かしあいながら生きていき、共に創っていくという共生共創の思考」ということを吉川先生から初めて学んだのは2005年のことですからもう20年近く前のことになりますが、今、まさに求められている考え方ではないかと日々実感しています。そしてメビウスが表わすもう一つの意味は**無限に続く**ということ。相手と共に無限の可能性を持って成長していけると考えると未来が楽しいものになりますね。

44. メビウスマップ™は豊かな未来へのナビゲーション・システム

それではいよいよメビウスマップ™の話に入っていきます。

前項でメビウス思考についてお伝えしました。メビウス思考は、「互いに共に活かしあいながら生きていき、共に創っていくという共生共創の思考」です。ビジョン（夢）を描くことがとても有効であることはこれまでの内容で十分に理解してもらえたのではないかと思います。同じようなことはさまざまなところで言われていますし、手帳や各種のボードなど、ビジョンを描くツールやワークショップなどは、私が知っているだけでも、とてもたくさんあります。その中でメビウスマップはまさに名前の通り、メビウス思考の共生共創の考え方を土台に開発した、他者との関わりによって豊かになっている未来を描くものです。それではフレームワークについて説明していきますね。

メビウスマップ™は大きくふたつの象限で描きます。自己と他者です。他者には環境も含みます。わかりやすくいえば、自分（Inside）と自分以外（Outside）です。呼吸をイメージしてください。吸うのが自分のこと、吐くのが自分の外のことに向かって行われることです。私たちは呼吸をするように、自分のために何かを手に入れたり、何かを身につけたりして変化していきますね。そうして変化した自分が外に向かって何かを働きかけたり、誰かと関わったりします。それをずっと繰り返しながら人生を営んでいます。そしてその繰り返しによって進化成長していることを感じます。新しい環境や人など、異文化との出会いが新たな成長や発見につながっていきました。また、ジョハリの窓のところでは、自己開示や働きかけ、また他者からのフィードバックを受け止めるなど、他者との積極的な関わりが自分の可能性を広げることも知りました。

理想の未来（ビジョン）を描く

☆中央にはミッション、もしくはミッションが達成されたときの姿（ビジョン）を、そしてその両脇には、そこに至るプロセスとしての3年後の自分の理想の状態を描いてみましょう。

Inside
手に入れていること・もの / 身につけたこと

Outside
提供していること / つながっている人・こと

Input	Output
Being	Doing
Have, Take	Give, Relate

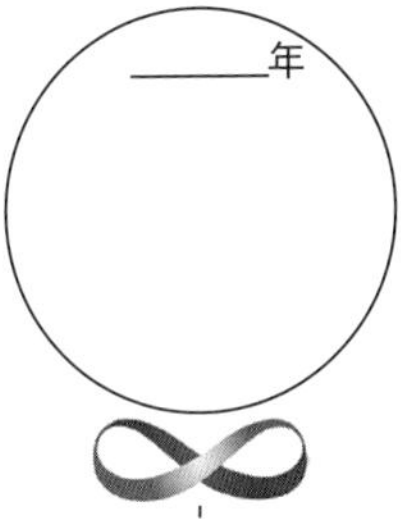

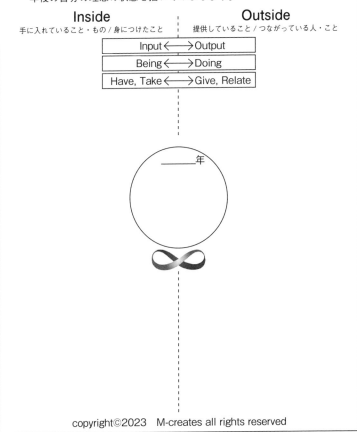

それを望む未来（ビジョン）に向けてどんなふうに手に入れたり展開していくのかを描くものがメビウスマップ™です。ですので、正確に言えばマップ（地図）というより、**目的地に向けてセットするナビゲーション・システム**ととらえるほうが良いのかもしれません。私のイメージでは二次元的な平面の地図というより、小さなメビウスがあちらこちらに立体的にたくさんある三次元的なものです。

真ん中には自分が理想とする状態、ビジョンを書きます。まさにカーナビのように、ゴールを明確に設定することによって最短のルートがわかったり、たとえ途中で阻むものがあったり想定していた道が途切れていたとしても、違うルートが見つかり、しっかりガイドしてくれます。

人は人と関わることで豊かになる……私はそう確信しています。あなたも自分の未来に人を迎え入れ、育てることできっと豊かになります。結婚も同じだと思いますが、事業の中で人をは自分の人生に相手に参加してもらうということですし、自分も相手の人生に参加するということになってくれたらうれしいですし、自分が相手の人生に参加することで相手が豊かになってくれたなら、それもなおうれしいことでしょう。自分の存在が誰かの成長や幸せに貢献できる人生は豊かな人生ではないでしょうか。人は良くも悪くも人と関わり、互いに影響を与えていきます。ならば意図して良い影響を与え合う存在でいたいものです。関わることで互いに力をより発揮でき、可能性が広がり続ける関係性を築き共に豊かになっていきましょう。

45. メビウスマップ™をつくろう

それでは、メビウスマップ™のつくり方を紹介していきます。メビウスマップセミナーで行っている手順の一部にはなりますが、ガイドしていきますのでぜひ実際にワークに取り組んであなたの望む未来を描いてみてください。

具体的な作り方のステップに入る前にぜひお伝えしたいことがあります。

実は、この共生共創思考が土台となっているメビウスマップ™のフレームワークを使ったプログラムには2024年現在、3つの種類があります。

①個人が自分の未来を描くもの
②チーム（組織）のメンバーで共にチーム（組織）の未来を描くもの
③夫婦で共に自分たち家族の未来を描くもの

プロセスはそれぞれの特性に合わせて変えてありますが、フレームワークは自己と他者の関わりを軸とした同じものです。これらのプログラムが出来上がった後に、たまたま講師を対象とした、あるセミナーで「成人発達理論」について知る機会がありました。確かそのときは、企業における人材教育の文脈での成長の話でした。人はいくつになっても成長することができる。成人になってからの学習の動機は、初めは環境に順応するために学習する利己的段階、次の段階は自己主導となり自己成長そのものが目的で学習していく。さらに段階が進むと、環境に働きかけるために必要なことをアウトプットを前提に学習し、それを発揮していく自己変容を意図したものになるとのことでした。

これを聞いたとき、この最終段階がまさにメビウス思考でありメビウスマップ™の考え方と同じだ！ と、とても感動したことを今でもありありと覚えています。そして後日調べて、その理論の出所がロバート・キーガン博士らが提唱した「成人発達理論」であることを知りました。

「成人発達理論」とは、心理学の一分野で、人間の成人期以降の心の成長や変化に焦点を当てた理論です。この理論では、知識やスキルを担当する心の側面が、成人期を迎えてもなお継続的に発展していくと仮定されています。それに基づいて、人間の生涯にわたる成長や変容のプロセス、その背後にあるメカニズムを研究し、理論化したものです。ロバート・キーガンの発達理論は、自分軸と他人軸をどのように意識しながら学び行動しているのかという視点で人の発達を考えたものでした。その発達の最後の段階が**「自己変容・相互発達段階」**で、この段階では、自己と他者の関係性を考える意識がとても高いレベルに到達しています。絶対的な存在である自己と、全体の一部としての自己を心で理解し統合された状態であるとのこと。これも、相対することが同時に存在しているメビウスの考え方と同じです。この状態では、周囲との関係は常に対等であり、他者の価値観を取り入れ、相互に成長し合うことが学びの目的となります。行動が他者のためだけでなく、自分にも善い影響をもたらす徳の循環が生まれ、他者の言動や価値観を理解し尊重するとされています。

まさに、メビウスマップ™の根底にある共生共創の考え方と同じです。この理論を知ったことで、**メビウスマップ™は成熟した大人が他者と関わり合いながら共に発展していく豊かな未来を描けるツール**であることをさらに確信できました。

他者との関わり、他者や自分を取り巻く環境の幸せを思い、そのために自分を磨いたり何かを得たりしている姿を描いているからこそ、メビウスマップ™は周囲の人に共感され、応援されて描いたことが本当にかなっていっているのです。

それでは自分が何を望んでいるのかどうしたいのかを明らかにしていくために具体的なワークに入っていきましょう。

STEP1　過去と今をつなぐ

カーナビと同じように、ナビゲーションシステムでは現在地を確認することが大事です。そもそものスタート地点が明確でないと行きたいはずの目的地に向かっているようでもずれているのでなかなか辿り着くことができません。

今と今と今の足し算が過去になり、未来になるという話をしましたね。言い換えると、今の自分は過去の結果、つまり今までにしてきたこと（経験）からできていると言ってもよいでしょう。今あなたが大切にしていること（価値）や考え方やできること（スキル）も、これまでの自分の行動や過ごしてきた環境のなかで育まれています。それらを言葉で表現して可視化してみると、あらためていろいろな発見があります。そして自分の今の状態（現在地）を知ることができます。

それでは具体的にワークをしてみましょう。第1章の「自分の棚卸」の部分でも考えてみたところですが、ここまで読んできたことで、書き出したい内容も変化したかもしれませんね。

●好きなこと・好きなもの

●これまで頑張ってきたこと・やり遂げたこと
●感動したこと
●人に喜ばれること

これらの質問は自己認識を高めるためのアクションのところでもお伝えしました。自分を信じるための自己分析をし、あなたのミッション（使命）に気づくうえでとても大切な質問なのです。

あなたが好きなこと、好きなものは何ですか？　見たりさわったりするだけで気分がよくなるもの、時間を忘れるくらい夢中になれることやいくらやっても疲れないこと。それらはあなたがきっと情熱を傾けられることです。そしてあなたの心が満たされることに繋がるものです。

つぎに、あなたがこれまで頑張ってきたことや、やり遂げたことを思い出してみてください。ここで大切なのは世間の評価をものさしにしないことです。数ある経験の中で、自分にとって本当に大切な経験だったなとプラスに感じることを書いてみてください。

それから、あなたがこれまでに感動したことを思い出してみてください。一番初めに思い浮かんだことはどんなことですか？　また、誰かと関わったことで、今でもじわっと心が動くような出来事はどんなことでしたか？

最後に、あなたが他人に喜ばれることはどんなことですか？　どんなときに目の前にいる人が笑顔になるでしょうか。そばにいなかったとしても、あなたがどんなときに「ありがとう」と言われたか思い出してみてください。また、あなたがよく他人から頼まれることはどんなことですか？

書き終えたら、実際に書き出してみたことを客観的に読んでみてください。いかがですか？数ある経験の中からこうして書き出したことはきっとあなたの心が大きく動いたことでしょう。

書いてみたら、ぜひ心を許せる誰かにあなたの思いを聞いてもらい感想を聞いてみてください。できれば3人以上に。話を繰り返してみることで、きっと自分が愛おしくなり、あなたの心の中に力が湧いてくるでしょう。

また、ぜひ機会をつくって、大切な部下やスタッフなどあなたが育てたいと思っている大切な相手にも同じことを、関心を持って聴いてみてください。きっと相手のことをさらに好きになったり、あらためて感心したり尊敬の気持ちを持つでしょう。また、相手の中にある可能性を信じる気持ちが湧いてくるでしょう。不思議なもので、知ると好きになることが多いのです。

そして何よりも、自分の経験や思いを丁寧に聴いてくれたあなたに対して、相手も親近感が増して、自分のことを理解してくれようとするあなたの姿勢に感謝や信頼の気持ちが自然に湧いてくるに違いありません。人は自分のことに好意的に関心を持ってくれる人が好きなのです。

STEP2　望む未来を考える

あなたは、本当に自分が望んでいることをすぐに言えますか？

自分自身も、そしてこれまで数多くの人たちと未来を描いてきた中で、描いた未来の実現を左右する大事なことがあることに気づきました。それは「本当に心から望んでいることを描いているかどうか」です。私たちは気づかないうちに世間のものさしや他人の価値観に影響を受けています。知らないうちに、親や周囲が望んでいることを自分の望みだと錯覚していることが多いものです。

私自身も初めてビジョンを描くワークショップに参加して自分の夢を描いたときは、「こんなことを描くと良いのかな」と、夢とはこのようなものという一般的な価値観の影響を受けたことを描いた記憶があります。「～ておこう」、「～ておくべきかな」という気持ちがまだまだ強く、何となく理想を描いた「作品」としてマップをつくったように思います。今思えば、それは自分にまっすぐ向き合えなかったからかもしれません。当然自分にとってしっくりしたものには出来上がらず、持ち帰った後は自宅のタンスの上に丸めたままほったらかしにしてしまっていました。

二度目に描いたときには、共に参加したメンバーと互いに自己開示でき、フィードバックを素直に受け止めることができ、リラックスして開放された気持ちで自分が本当に得たいものを素直に描くことができました。うれしくて、抱きしめて持ち帰ったことを今でもはっきりと覚えています。もう10年近く前のことですが、気がつけば実際にほとんどのことがかなっていました。目標とした3年後ではなくても忘れた頃に実現したこともあります。先日まですっかり忘れていたのですが、実はメンタリングに関する本を書くということもそのときにちゃんと描いていていました。ただ、申し訳なさそうに小さく書いていたものを貼り付けていたのでこんなに時間がかかったのかもしれません。

以上のような自分の体験から、メビウスマップのプログラムでは、自己開示や自分と率直に向き合える環境を整えた場づくりをとても大切にしています。まさに心の開放が未来を描くときの鍵を握っているように思います。そのために、実際のセミナーでは、参加メンバーの互いの理解を深め、短い時間の中でも信頼関係が深まるようなしかけを用意しています。関わることで、本当に発想が豊かになるのです。ここではそれはできませんが、STEP1で自分の経験を書き出してみたことで湧きあがってきた思いを大切にしながら、そんなあなたがこれから望むことをぜひ素直に書き出してみてくださいね。他人の感想や評価をまったく気にしないでよかったら、どんなことが思い浮かんでくるでしょうか。また、今の自分の実力で可能性があるかどうかも気にしないでください。できそうかどうかではなく、望むか望まないかで考え、望むことが頭によぎったら、遠慮しないでどんどん採用してくださいね。

それでは、3年〜5年後の自分をイメージして以下の質問に答えて思いついたことをどんどん書き出してみましょう。決して遠慮せずに、です。

●どんなことを身につけて、どんな仕事をしていますか
●仕事ではどんな立場でどんな役割を担っていますか
●収入・貯蓄はどのくらいありますか
●どんな家に住み、どんな物を持っていますか
●どんなスタイルで、どんな健康状態ですか
●どんな趣味を楽しんでいますか
●どんなことにチャレンジしましたか。さらにやりたいことは何ですか
●自由な時間はどのくらいほしいですか。またどんなことをしていますか
●家族とどんな関係性ですか
●どんな友人や仲間とどんなことを共有していますか
●周りの人や社会にどんなことで喜ばれていますか

そしてこれも STEP1 のときと同じように、ぜひ機会をつくって、大切な部下やスタッフなどあなたが育てたいと思っている大切な相手にも同じことを、関心を持って聴いてみてく

ださい。面談時間を設けてかしこまって聞かなくても、共に食事をしたり、何かを教えたりしているときにタイミングを見計らって少しずつ聞くだけでも良いのです。まずは相手の考えている未来に関心を持つことが何よりも大事です。相手が望む未来を知ることで、あなたと相手の心の距離はきっと近くなりますし、まさに育てる相手が自ら成長を描いた未来像を知ることになります。あなたが相手にどんなことや機会を提供すれば良いかを知るヒントになるかもしれません。共有されたビジョンは、人を育て、組織を形成し、共に未来を築く力になります。あなたと育てたい相手がありたい姿を互いに共有することで、共進化する関係性がさらに良くなっていくに違いありません。

STEP3　未来を可視化する

それでは思い描いた望む未来を可視化してメビウスマップを作成しましょう。

①下書きの作成

まずは先に紹介したフレームワークを参考に、ノートやコピー用紙などに、真ん中にビジョンを言語化したものを書く円を書き、それをはさんで縦線を書いてください。そして左側の上部にInsite、右側にOutsideと書いてください。

そして真ん中には3年後もしくは自分がどんな状態で日々を送っているかを表現するよ

うなキャッチコピーを書いてください。

次に左側にはそんな理想の状態になっている自分が持っているものや手に入れたもの、資格やスキルなど自分が身につけたもの、そして自分の信条やスタイルなどを言葉にして記入してください。付箋にどんどん書いて貼り付けても大丈夫です。付箋を使う際は付箋一枚に一つの項目を書くようにしてください。

右側には、そんなあなたが周りの人や社会や環境にどのようなことを提供したり、どんな人たちと関わっているかを書いてください。

②材料を準備する

貼り付ける台紙を用意してください。実際のリアルセミナーの際には新聞紙大の大きな台紙を用意しますが、オンラインで行うときはA４やB４サイズの百円ショップなどで購入できる額を参加者に用意してもらっています。好みの大きさのホワイトボートやコルクボードでも構いません。また、台紙に合わせた適当な大きさの丸い紙も用紙してください。画用紙や色紙でも大丈夫です。

そして、のり、はさみ、マジックなどの筆記用具、コルクボードなどを使用する場合は両面テープ、必要ならば、コメントを書くための吹き出しデザインの付箋などもあると便利です。

何よりも大切なこと。下書きに書いたことがイメージできるような写真や雑誌の切り抜きを用意してください。インターネットでイメージに合う画像を検索してプリントアウトしてもよいでしょう。

③作成する

真ん中に貼る円の中に自分がどのような状態になっているかを書いて貼り付けます。下書きを参考にしながら、用意した写真などの資材を台紙のInside、Outside、それぞれの場所に貼っていきます。まず全体に置いてみて、これでよいと決まってから一気に貼ることをおすすめします。

貼り付けた絵などにコメントなどを書き加えて説明を補足してください。

大切なことは、必ず、気持ちが明るくなるもの、ワクワクするものだけを貼ることです。かつての私のように、「〜べき」や「〜ねばならない」といった義務感のようなものは決して貼らないでくださいね。そして、遠慮しないこと。過去は変えてしまうと詐称!?になりますが、未来に間違った未来などありません。自分自身が見ていてうれしく、気持ちが明るくなるものを堂々と貼ってくださいね。

完成したら、ぜひ、生活の中で目につきやすいところに飾ってください。毎日眺めることで、脳にインプットされ、知らないうちにアンテナが立ち、情報をキャッチしやすくなります。具体的な数字には諸説ありますが、視覚情報が脳に与える影響はかなり大きいと言われています。

とにかく、私をはじめ実際につくった人が描いたことがどんどん現実になっているのが何よりのエビデンスです。

▲個人のメビウスマップの例

▼チームメビウスマップの例

46. GAPが行動のエネルギー

自分の現在地がわかり、自分が望む未来の状態（ビジョン）が明らかになったら、それを実現していくための具体的な目標を考えて行きましょう。今と望む未来の差（GAP）が認識できれば、そこに行くまでのプロセスを具体的に考えていけばよいのです。

目標や計画の立て方にもさまざまな種類がありますが、メビウスマップセミナーでは、「ビジョン実現のための棚卸」をまずやってもらいます。これは、キャリアや仕事の振り返りの際に活用するツールである「セルフキャリアカウンセリングシート」を参考にしています。このシートを使って、ビジョン実現のためにこれから必要な行動を明らかにするために以下の3つについて整理します。

ここに書くことは具体的な行動であること、また、それができたかできなかったかを明確にチェック（確認）できるものであることが重要です。課題を書き出すことで、何をすればよいかが明確になり、行動しやすくなります。わからないから動けないことが多いですよね。どんな小さなことからでも、一つひとつ、やると決めたことをやっていく。この行動の積み重ねが、自分には夢をかなえる力があると、信じさせてくれるのです。

さあ、今の自分を、行動に着目して棚卸ししてみましょう。

▼維持課題

描いたビジョンの実現につながる、これまでもしてきたし、これからも続けていきたい行動。

▼改善課題

描いたビジョンを実現するためには、自分の行動のここを見直したいとか、やめたい習慣など、すでに気づいているのに、なかなか実行できていなかった行動。

▼挑戦課題

描いたビジョンを実現するために、まだやっていないことや新たに手に入れたいことなど、これからチャレンジしていきたいこと。

まずは思いつくままに書いてみましょう。そしてこれらをいつ始め、いつまでに達成したいかを考えて書き加えます。書き終えたら、それを吟味し、1年以上の長期的な目標と、すぐ始められ、達成できるような短期のものから中期のものに分けていきます。そしてそれを手帳や計画表に具体的に書き入れていきます。日々の、月々の、1年単位の具体的な行動目標を立て、それを実行していくことで描いたビジョンは現実のものになっていくでしょう。いきなり目標を立てるより、ビジョンを描いてからのほうが「何のための行動か」を意識できるのでモチベーションが持続します。

また、あなたがもし、計画通りに実行していくことが苦手でも、メビウスマップはナビゲーションシステムのように、行く先が決まれば、ルート（方法）は途中でいくらでも修正できますし、時間がかかってもたどり着くことができるので安心してください。最短で行くのか、プロセスそのものにも意味を感じ楽しみながら行くのかもあなたが決めればよいのです。

あなたがどこにたどり着きたいのか、どうなったら本当に満足なのか、それさえ明確に思い描くことができていれば、ちゃんと目的地（めざしたビジョン）にたどり着くことができます。カーナビで目的地がセットされていれば、途中で迷っても必ずガイドしてくれるように、メビウスマップをいつでも眺めることができていれば、あなたの脳がそこに向かっていく手段を無限に生み出し、あなたをそこに導いてくれるでしょう。

ビジョン実現のための棚卸

☆ビジョンの実現に向けて、必要な行動を整理してみましょう

	内　容	期限
維持課題		
改善課題		
挑戦課題		

47. ビジョンを共有してシナジーを創り出そう

メビウスマップを活用し、ビジョンを明らかにしていくプロセスが自己理解や相手の理解、そして相手と自分の相互理解に効果的なことを説明してきました。

育てたい相手がどんなことにわくわくするのか、どんなことを大切にしているのかを、関心を持って知ろうとすることは、相手があなたを信頼するきっかけになり、相手があなたのこと、そしてあなたの言うことに興味を持って知ろうとする機会につながります。また、あなたが経営者として、そして育成者として、相手もワクワクするようなビジョンを相手に伝えることができたら、相手もあなたと共に働くことに対して期待感を持ちモチベーションも上がるでしょう。ビジョンを共有することは成果を生み出すための基盤になります。

個人のビジョンをお互いにシェアするだけでなく、サロンなど組織のメンバーで思いを交換し、意見を出し合って共にビジョンを描くことも、全体の活性化につながり、さらに効果的です。

チームでつくるメビウスマップでは、次のようなことをプログラムに入れています。

①個人の強みを知る
②チーム全体（組織）の強みを知る

③チーム全体（組織）の現状を知る
④チーム全体（組織）未来の姿（ビジョン）を共有する
⑤メビウスマップのフレームワークに未来を描く

個人の強みを知るときには自己開示と他のメンバーからのフィードバックを受け取る時間にします。仲間からの温かいフィードバックで自己肯定感が上がります。

チームの強みを知るときにはメンバーそれぞれが思うことを全員で丁寧に共有していきます。視野を広げることが豊かになることを体験していきます。

チームの現状については、さまざまな角度から自分たちの組織の現状についてメンバーそれぞれが自分の理想とのギャップから評価したことを話し合います。

以上のことをもとに、自分たちのチーム（組織）が顧客や社会にとってどのような存在でありたいのかを共に考え、そのために自分たちがどんなことを身につけているのか、どんなことができるようになっているのかをイメージして、言葉にします（Inside）。そして、顧客や社会にどんなことを提供しているのか、どんな関係性になっているのか、また理想の顧客はどんな顧客なのかなどをイメージして同様に言語化していきます（Outside）。

そして最後に、ここまでのことができたら、それをリアルにイメージできるような画像やイラストを使って可視化していきます。

このプロセスそのものがシナジーを生み出す土壌をつくります。相手を受け止め、尊重する場があることで素直でオープンなコミュニケーションが生まれ信頼関係が深まります。そしてメンバーが気軽にアイデアや意見を共有できることで新たな発想や協力できる機会が生まれます。協力して生まれたアイデアがメビウスマップとして出来上がっていくことで、統一感が生まれ、そこに共に向かっていこうとする意欲が生まれます。これがシナジーを生み出していきます。

実際に、メビウスマップ™を使いスタッフ全員でチームの未来を描いたことでシナジーが起きている例をご紹介します。自分たちのビジョンをメンバーで明確にして共有した、まり子さんや友香さんのサロンでもシナジーが起こっています。シナジー（Synergy）とは**異なる要素や要因が組み合わさることで、それぞれの影響や能力が相乗的に強化されたり、新しい価値が生まれ、それらを合わせたものが個々の要素よりも大きい効果をもたらすという考え方**です。つまり、1+1が2ではなく、3にも4にも、いやそれ以上にもなるイメージです。以前紹介した継続した成功と幸せについて書かれた『7つの習慣』でも大きな成果を上げる「第6の習慣」として取り上げられています。

まり子さんのサロンではメビウスマップ™をつくったことをきっかけに、日々の仕事のモチベーションが上がったことはもちろん、スタッフがそれぞれの強みを認識し合い、応援したり信頼して仕事を任せ合ったりする風土が生まれたそうです。メンバーが主体的になってきたことでそれぞれのスキルが上がり、サロンワークだけでなく、自分が担当していたネイルスクールの講師もスタッフに任せることができるようになったそうです。まり子さんは経営に専念できるようになり、サロン経営者向けのコンサルティングをするという新たな目標も生まれ、それに向かってチャレンジし始めています。売上アップも継続的に更新しているようです。

友香さんのサロンでは、メビウスマップ™をスタッフ全員で描いたことでお互いを尊敬する気持ちが強くなり、また自分たちの強みを強く意識するようになったことで、アイデアがどんどん出てくるようになり、思いついたことはどんどん実践していくようになったとのこと。地方都市ならではの唯一性に自信を持ち、自分たちの存在によって地域を活性化するという目標に向かって発信力がますます増して影響力をあげています。

もちろん、それらの成果はメビウスマップ™だけの効果ではなく、経営者自身がメンタリングマインドを持って自らもビジョンを持ち、スタッフ一人ひとりとの信頼関係を大切にしてきたからこそ。経営者とスタッフの皆さんのシナジーそのものですね。

《第6章のまとめ》

●ありたい姿を描くことは次のような効果をもたらす。
①これからの人生において重要な価値を見極め、それに基づいた生き方につながる。
②夢や目標を形にしていくことで、具体的な行動に結びつけるエネルギーになる。
③ありたい姿を明確にしておくことで、逆境や困難な局面に直面したときにモチベーションを保ち困難を乗り越える力を得ることができる。

●メビウス思考とは、互いに共に活かしあいながら生きていき、共に創っていくという共生共創の思考。メビウスの輪の表と裏のように、育てる側と育てられる側は表裏一体であり、役割を変えながらお互いを尊重し合い、信頼し合い、共に成長できる関係をあらわす。そして互いに無限の可能性を持って成長していける共進化の思考。

●個人のありたい姿の共有、そして組織全体のビジョンを共有することでシナジーを起こそう。

おわりに

この本を最後まで読んでくださり、心から感謝いたします。

私の最愛のメンターである吉川宗男先生が、マネジメントの父と言われたピーター・ドラッカー博士の自宅に招かれた時のこんなエピソードがあります。

当時まだ若かったムネオ先生は、大胆にもドラッカー博士にこんな質問をしたそうです。

What is the essence of management?

（マネジメントの本質とは何ですか？）

すると、ドラッカー博士はにっこりと微笑んで、即座に、

It's the creation of happiness.

（幸せの創造だよ）

と答えてくれたそうです。

その瞬間ムネオ先生はとてつもなく感動したのだそうです。初めてこの話を聞いたとき、私にもその情景がありありと浮かび、とても満たされた気持ちになったことを20年近く経った今でも覚えています。以来、**幸せの創造**という言葉が私の心に深く刻まれています。

マネジメントとは、ひと言でいうと組織や企業、または個人が目標を達成するためのプロセスです。つまり、目標を達成するために計画を立てたり、人々を指導したり、リソース（すでにある資源）を使ったりすることと言ってもよいでしょう。ドラッカー博士は、そのすべての本質は幸せの創造だと、とてもシンプルに言い切っていたのです。幸せの創造こそがマネジメントの目的であり、おこなう理由だと言えるでしょう。

私のミッション（使命）は、**「愛と信頼の力で究極の幸せを共に創る」**ことです。

それを具現していく仕事のひとつとして、２０２１年より人を育てる人のための連続講座「ビジョナリー・メンタリング・マネジメント®講座」を始めました。**ビジョナリー・メンタリング・マネジメント®とは、育てたい相手と信頼関係を構築し、ありたい未来に向けて共に進化していく人間力開発のプロセス**のことです。その具体的な内容についてより多くの方にご紹介することがこの本を書いた目的でした。

この講座で共に学んでくれた仲間たちは、自分ならではの大切な役割に気づき、明確になったそれぞれのビジョンの実現に向けて力強く歩んでいます。

ネイルサロンをはじめとした美容分野、教育分野、医療・介護分野、地域活性など、一人ひとりの活躍をご紹介できないのが残念ですが、**いきいきと主体的に、自分のビジョンに向かって進む、周囲から必要とされる人**になっています。仲間と学び合い、関わり合うことでシナジーが起こっていくさまを見て、私も本当に学ぶことが多く、たくさんの喜びを感じています。

共に生きる、共に活かす

この言葉は2011年にムネオ先生から、先生の著書『出会いを哲学する』にサインと共に頂いたメッセージです。この言葉こそが私が繋いでいきたいメンタリングの真髄です。

この本を読んでくださったあなたが、あなたの大切な人たちと共に生き、共に活かしあう喜びを感じながら幸せの創造を楽しんでくださることを心から願っています。

最後にこの場をおかりして、幸せを創造することを教えてくださった吉川宗男先生をはじめ、メンタリングの原則を教えてくださった福島正伸先生、ＥＱの資料を快くご提供くださった高山直先生、国際メンターシップグラジュエートスクールで出会った皆さま、出版の機会を与えてくださった著者リンピックの皆さま、期待と励ましをくださった産学社の皆さま、私と共にメンタリングを学んでくれた仲間や私をいつも応援してくださる皆さま、そして、深い信頼を寄せて見守り続けてくれた家族に、心から感謝申し上げます。

２０２４年８月

著者・李 順葉

参考文献リスト（順不同　著者敬称略）

『出会いを哲学する』（吉川宗男、南の風社）
『メンタリング・マネジメント』（福島正伸、ダイヤモンド社）
『完訳７つの習慣　人格主義の回復』（スティーブン・R・コヴィー、キングベアー出版）
『Insight いまの自分を正しく知り、仕事と人生を劇的に変える自己認識の力』（ターシャ・ユーリック、英知出版）
『なぜ人と組織は変われないのか』（ロバート・キーガン、英知出版）
『EQトレーニング（日経文庫）』（高山直、日本経済新聞出版）
『EQ こころの距離の近づけ方―人に強いビジネスパーソンになる』（高山直、東洋経済新報社）
『教師のパフォーマンス学入門』（佐藤綾子　金子書房）
『セルフ・アウェアネス（ハーバード・ビジネス・レビューシリーズ）』（ダイヤモンド社）

★読者プレゼント★

お読みくださった読者の皆様に本書のベースになった、「ビジョナリー・メンタリング・マネジメント®講座」のハイライト動画を無料でプレゼントいたします。

本書に取り上げていない部分を中心に編集しています。本の内容をさらに深めるものとなっています。講座の臨場感をお楽しみいただけたらうれしいです。

下記の QR コードを読み取り、ダウンロードしてください。

https://visionary-mentoring.com/gifttothereader

・本特典の応募は予告なく終了することがあります。
・本特典は、エム・クリエイツ　李順葉が実施します。販売書店、取扱書店、出版社とは関係ございません。
・お問い合わせは、https://visionary-mentoring.com/　までお願いいたします。

【著者プロフィール】

李 順葉（い・すにょっぷ）
エム・クリエイツ代表

愛と信頼の力で究極の幸せを共に創るメンタリングデザイナー

メンタリング教育の専門家

2001 年の勤務中の転落事故をきっかけに人生観が大きく変わり、人間関係や心の豊かさを重視するようになる。2005 年にメンタリングに出会い、その価値を確信。メンタリングの第一人者から学び、大学院でキャリア心理学を研究したのち、2015 年に起業。自身の経験と専門知識を融合させた活動を研修やセミナーを中心に展開。またキャリア面談ではこれまでに 1000 人以上の個人に向き合う。

2021 年からは「ビジョナリー・メンタリング・マネジメント®講座」を開講し、人を育てるための知識やスキルを提供。受講者同士が響き合う場づくりに定評があり、受講した経営者たちからはスタッフのモチベーションアップや業績向上などの声が寄せられている。

自身もメンタリングを通じて常に自己成長を図り、相手の潜在能力を信じて一人ひとりを活かす姿勢を大切にしている。

https://visionary-mentoring.com/

本気で人を育てる「メンタリング」読本
――小さな会社経営者のために――

初版1刷発行　●2024年　8月31日

著　者
李 順葉

発行者
薗部 良徳

発行所
㈱産学社
〒101-0051 東京都千代田区神田神保町3-10　宝栄ビル
Tel.03（6272）9313　Fax.03（3515）3660
http://sangakusha.jp/

印刷所
㈱ティーケー出版印刷

ISBN978-4-7825-3599-8 C2037
乱丁、落丁本はお手数ですが当社営業部宛にお送りください。
送料当社負担にてお取り替えいたします。